VORWORT

Liebe Leserinnen, liebe Leser,

1987 habe ich «Wu wei – die Lebenskunst des Tao» geschrieben. Es war mein erstes Buch über das Tao. Heute beginne ich mit der Niederschrift einer neuen Arbeit über den Taoismus. Zwischen den beiden Büchern liegen zwölf Jahre. In dieser Zeitspanne habe ich viel dazugelernt. Nein, nicht über das Tao, da gibt es nichts zu lernen – du verstehst sein Wesen entweder intuitiv oder du verstehst es überhaupt nicht. Dazugelernt habe ich bei dem Problem, meinen Leserinnen und Lesern den Stoff so verständlich nahe zu bringen, dass er in der Lebenspraxis realisierbar ist. Ich befasse mich hier mit einer uralten Philosophie, die sich leichter leben als beschreiben lässt. Die Zen-Leute, in deren Lehre das Tao eine wichtige Rolle spielt, behelfen sich mit Rätselaufgaben, deren Lösung weniger durch Worte als mit Hilfe von Gesten oder Pantomimen darstellbar ist. Durch das Medium des Buches bin ich leider nach wie vor auf das Wort angewiesen, und wir müssen uns beim Schreiben wie beim Lesen klarmachen, dass Worte nur Ideen über Tatsachen liefern, nicht die Tatsachen selbst.

Im Laufe der Zeit sind sehr viele Leserbriefe bei mir eingegangen, und oft wurde angefragt, ob ich denn keine Seminare abhalten würde. Vor sechs Jahren habe ich mir dann einen Ruck gegeben und den interessierten Leuten bei mir zu Hause Seminare angeboten. Seitdem reißt der Strom der Menschen, die mich aufsuchen, nicht mehr ab. Ich habe angefangen zu begreifen, dass Schreiben und Lehren zusammengehören, dass sie einander bedingen. Und der unmittelbare Kontakt mit vielen hundert Menschen hat deutlich gemacht, wo ich verstanden wurde und wo nicht. Seit dem ersten Tag, an dem ich über das Tao zu schreiben begann, hat sich an der Grundaussage nichts geändert. Sehr wohl verändert hat sich freilich die Art und Weise, in der ich den fragenden, suchenden Menschen die im Alltag realisierbaren Inhalte des Taoismus nahe zu bringen versuche. Was den großen Wert dieser alten Lehre ausmacht, ist zugleich die Schwierigkeit: der Taoismus kennt nämlich weder Gebote noch Belohnungen, es gibt keine Verheißungen, was du bekommst, wenn du brav bist, und keine Androhung von Strafen, wenn du böse bist. Die Lehre vom Tao ist eine Lehre, die einzig Erkenntnis vermittelt und Ratschläge erteilt. Der Mensch des Tao findet keine Grenzen vor, innerhalb derer er zu gehen hat, es gibt keine kategorischen Regeln – der Mensch des Tao schwebt scheinbar frei in einem Raum, in dem nichts ihn behindert, in dem aber auch nichts ihm Halt zu geben scheint.

Und so habe ich mir mit diesem Buch die Aufgabe gestellt, Menschen, die Halt und Trost und Lebenshilfe suchen, mit einer Lehre vertraut zu machen, die scheinbar dafür keine Möglichkeiten bietet. Doch der Schein trügt. Im Tao verbirgt sich absolute Sicherheit, eine Sicherheit, die allerdings nicht mit dem Preis aufgegebener Freiheiten erkauft werden muss. Das Fehlen von festen Regeln ist zugleich Freiheit. Freiheit und Sicherheit, die aus uns selber kommt. Laotse hat erklärt, man könne das Tao nicht beschreiben, weil niemand etwas darüber weiß. Und hinzugefügt, sobald du es beschreibst, liegst du bereits falsch. Nun, so weit ist das richtig. Da aber der Mensch und das Tao auf unsichtbare Art ein und dasselbe sind, kann ich es beschreiben, indem ich bestimmte Wesensmerkmale und Fähigkeiten des Menschen beschreibe. Und wenn eine Begegnung zwischen Mensch und Tao möglich ist, dann wird diese Berührung in unserer eigenen Tiefe stattfinden.

Theo Fischer

1. KAPITEL

Was ist das Tao?

Seit der Mensch denken kann, beschäftigt er sich mit der Frage nach seinem Ursprung. Er steht ohne eine Ahnung von Gründen dem Phänomen gegenüber, dass er stattfindet, dass er lebt und eines Tages wieder gehen muss. Unausgesprochen schlummert im Individuum die Sehnsucht nach Erkenntnis der wahren Zusammenhänge seines Daseins. Man sucht nach Gewissheiten in einem Universum, in dessen Konzept Sicherheit anscheinend gar nicht vorgesehen ist. Angesichts dieses von Anfang an bestehenden Vakuums an Erkenntnis haben sich im Laufe der Jahrtausende philosophische Schulen gebildet und große, Kontinente umfassende Religionen. Außerdem sind insbesondere in der Neuzeit zahlreiche psychologische oder esoterische Ableger der geistigen Hauptrichtungen auf dem Plan erschienen. Heute steht uns über die Dinge eine riesige Informationsmenge zur Verfügung.

Dem größten Teil dieser Informationen haftet ein entscheidender Mangel an: entweder wird auf tausend Seiten Nichtwissen wortgewandt dokumentiert oder die Botschaften wollen geglaubt werden. Beides ist für einen Menschen, der ernsthaft Wahrheit sucht, die für ihn emotional, intellektuell und logisch umsetzbar ist, wenig tragbar. Wer sich weigert, den mit einer Glaubensrichtung untrennbar verbundenen Regeln zu gehorchen und lieber seine Freiheit behält, steht allein da. In meinen Begegnungen mit anderen Menschen erlebe ich dies regelmäßig: Entweder schließt sich jemand einer Gemeinschaft an und orientiert sein Leben an ihren Inhalten, oder er muss sich seine private Lebensphilosophie zusammenstricken, an die er sich, so gut es geht, hält. Häufig trifft man auf Leute, bei denen beides zutrifft. Sie sind zwar innerhalb des von den Eltern ererbten Glaubens geblieben, haben jedoch weit genug Abstand dazu gefunden, sodass sich eine Art individuelle Privatreligion oder ein eigener ethischer Kodex entwickeln konnte.

In diesem buchstäblich heillosen Wirrwarr von Lehren und Schulen fällt der Taoismus erfrischend angenehm auf. Er ist für Glaubensgemeinschaften völlig untauglich, weil es nichts gibt, das geglaubt werden könnte. Er kann nicht gepredigt werden, weil er keine Gebote kennt, die man verkünden müsste. Er sammelt keine Scharen von Nachfolgern, weil er nichts verspricht und weil es nichts gibt, dem man nachfolgen könnte.

Was nützt er dann überhaupt, wenn ihm alle Merkmale klassischer Religionen und Philosophien – selbst der östlichen – fehlen? Nun, die Lehre der alten Taoisten schenkt uns Erkenntnis – sie *ist* Erkenntnis. Sie ist exakt das, wonach der Mensch sich seit der Steinzeit schon sehnt: nach dem Verstehen der eigenen Position und Bedeutung in der Welt und nach der Berührung mit dem verursachenden Prinzip unserer Existenz. Und sie kann ausschließlich vom einzelnen Individuum erlebt, gelebt und erfahren werden. Keiner kann es für andere tun. Selbst wenn du ihn zu lehren versuchst, wie ich es tue, fühlst du dich jedes Mal wie ein Narr, weil offensichtlich ist, dass das Unaussprechliche sich weigert, erklärt zu werden.

Die Sache wird für jemanden, der ernsthaft Aufklärung über den Taoismus sucht, nicht leichter, wenn er sich in Übersetzungen der alten Schriften vertieft. Die Inhalte historischer schriftlicher Überlieferung sind zu oft und von zu vielen Personen mit unterschiedlichen Neigungen in westliche Sprachen übertragen worden. Ich besitze Bücher, die vom Chinesischen oder Japanischen zuerst ins Englische und von da aus ins Deutsche übersetzt worden sind. Manchmal habe ich beim Studieren dieser Überlieferungen den Eindruck, dass ich den Kern ihrer ursprünglichen Aussage nur darum herauslesen kann, weil ich aus mir heraus vor der Lektüre schon Bescheid gewusst habe. Eine Reihe von Texten über das Tao verdanken wir dem Schriftgut des Zen. Aber dort sind die Prioritäten anders gesetzt: zielgerichtet auf das Ideal des Buddhismus – Satori, die Erleuchtung. Soweit sie das Tao erwähnen, sind die Aussagen der alten Zen-Meister allerdings erfreulich unverfälscht. Sie sind oft verständlicher als die dunklen Schlüssel Laotses im «Tao te king».

Die Lehrer und Dichter des Tao sind sich in einem fundamentalen Punkt einig: Es existiert, weil es der Nährboden, der Urgrund ist, aus dem alle Dinge hervorgehen und in den sie wieder zurückströmen. Da kein Mensch eine Ahnung hat, wie das Tao beschaffen ist, kann man es nicht beschreiben. Jeder Versuch einer Definition scheitert am Mangel an Kenntnis seiner Eigenschaften. Einerseits frustriert die Einsicht, dass kein Mensch Genaues über den Ursprung der Welt aussagen kann, andererseits ist es eine Erleichterung, weil genau diese Unkenntnis verhindert, dass wir uns ein falsches, vermenschlichtes Bild davon machen.

Trotz dieser Schwierigkeiten ist der Taoismus es wert, dass wir, um ihn zu verstehen, das Rad noch einmal erfinden. Mit anderen Worten: Was einst Laotse, Tschuang tzu und andere auf sich allein gestellt herausgefunden haben, müssen wir in unseren Tagen erneut anpacken. Laotse stellt an zwei Stellen im «Tao te king» die Frage: «Woher weiß ich aller Dinge Art?» – «Eben durch sie», gibt er zur Antwort. Laotse hat die Welt betrachtet und ist dem Tao begegnet. Es war die Fähigkeit der alten Weisen, die Außenwelt mit den Augen und Sinnen eines Säuglings zu erleben, der sich noch keiner allgemein gültigen Meinung darüber angeschlossen hat. Deshalb war es ihnen möglich, ihre Einsicht in die Dinge unmittelbar aus der Quelle ihres Ursprungs zu schöpfen.

Das Rad für sich persönlich ein zweites Mal erfinden heißt, all mein angelerntes und durch Erfahrung untermauertes Wissen über mich und und die Welt beiseite zu lassen und sie mit den unschuldigen Sinnen des Säuglings neu zu erfahren.

Wenn Sie mich fragen, was das Tao ist, werde ich antworten: Es ist in Ihnen, in mir, in der Maschine, auf der ich dies schreibe, in meinem Dackel, im Eiffelturm, im Mars. Tschuang tzu hat analog eine Anekdote erfunden, die im Prinzip das Gleiche aussagt und die ich dem Buch von Chang Chung-yuan «Tao, Zen und schöpferische Kraft» entnommen habe:

> Tung fragte Tschuang tzu: «Wo ist das, was du Tao nennst?»
> «Überall», antwortete Tschuang tzu.
> «Sag es genauer», verlangte Tung.
> «Es ist in dieser Ameise», antwortete Tschuang tzu.
> «Was, so niedrig?»
> «Es ist in diesen irdenen Ziegeln.»
> «Noch schlimmer.»
> «Es ist in einem Kothaufen.»
> Darauf schwieg Tung still, und Tschuang tzu fuhr fort:
> «Deine Fragen trafen das Wesen von Tao nicht. Du darfst nicht nach der Beschreibung ganz bestimmter Dinge fragen, in denen Tao existiert. Es gibt kein einziges Ding, in dem es nicht existiert.» (S. 32)

Das Tao ist einmal der Grund, aus dem alle Dinge hervorgehen. Was die Naturwissenschaft als «Feld» definiert hat, aus dessen Energiepotential die sichtbaren Phänomene in Erscheinung treten und wieder verschwinden, ist eigentlich eine exakte Analogie zum Tao. Zum anderen ist das Tao identisch mit dem menschlichen Bewusstsein. Unlängst habe ich einen Zeitungsaufsatz über ein Symposium gelesen, an dem führende Neurobiologen, Psychologen und Philosophen teilgenommen haben. Die vor Jahren noch akute Streitfrage, in welchem Umfang unsere Psyche ein Produkt neuronaler, also materieller Prozesse ist, wurde nicht mehr sonderlich diskutiert. Das nach wie vor ungelöste Problem ist die Herkunft des menschlichen Bewusstseins. Wenn wir einräumen, dass unsere Geistestätigkeit den Neuronennetzen unseres Gehirns zu verdanken ist, dann sind diese Prozesse Auswirkungen des postulierten Feldes. Und ob ich nun Feld sage oder Tao, bleibt sich gleich. Für Laotse war das Wort «Tao» auch nur wie eine algebraische Formel für das Unaussprechliche. Und wenn ein Organismus Bewusstsein besitzt, dann ist das logischerweise eine Manifestation dieses Energiefeldes.

Ich gehe sogar noch einen Schritt weiter. Lassen Sie mich dazu einen Dialog zitieren, der die ersten beiden Zeilen eines Zen-Koans bildet. (Ich führe drei Varianten der Antwort an, weil sie signifikant das vorher geschilderte Dilemma bestätigen, dem Sinne nach dennoch aus einem Guss sind.)

Joshu fragte Nansen: «Was ist das Tao?»

Nansen: «Dein gewöhnliches Bewusstsein ist das Tao.» (Alan Watts)

«Tao ist alltäglicher Geist.» (Zenkei Shibayama)

«Wir erleben es täglich, das Tao.» (Wu-men Hui-k'ai)

Die Antwort auf eine der Grundfragen des Menschen klingt so einfach, dass sie schwer zu verstehen ist: **Unser Bewusstsein ist identisch mit dem Tao.** Es ist das Medium, mit dem der Urgrund sich selbst in und durch uns als existent erlebt. Unser Grundgefühl der Existenz, das Gefühl, ein Mensch, ein lebendiges Wesen zu sein, ist bereits das Bewusstsein jenes unbekannten, unbeschreibbaren metaphysischen Urgrundes. Wenn es Ihnen, liebe Leserin, lieber Leser, gelingt, sich klarzumachen, dass Ihr Lebensgefühl in Wahrheit original das Lebensgefühl des schöpferischen Geistes ist, dann halten Sie den Schlüssel zu einem leichteren, kampfloseren Leben bereits in der Hand.

Das Tao schlummert im Menschen, unbewegt und dem Wesen nach von kosmischer Neutralität, ja scheinbarer Gleichgültigkeit. Allein die eigene Bewusstheit ist das Mittel, mit der eigenen Tiefe in eine nonverbale Kommunikation zu treten. Jemand – ich weiß nicht mehr, wer – hat das Tao den unbewegten Beweger genannt. **Aus dieser bewegungslosen Stille heraus fließen dem Aufmerksamen alle Hilfen zu, die er im Leben braucht.** Das Tao wirkt aus der Tiefe unseres Wesens, weit unterhalb der Denkschwelle. Es schenkt uns die Fähigkeit zum unwillkürlichen spontanen Verständnis jeder Situation. Wir verstehen ohne Nachdenken, umfassend und vollständig ein Szenarium. Es vermittelt uns das Gespür für einen Zustand samt den ihm innewohnenden Tendenzen, die sich in Zukunft realisieren werden. Es löst Gefühle aus und befruchtet Gedanken, aber selbst ist es kein Gefühl, obgleich ich es in der Not, einen Begriff zu finden, mit «Grundgefühl» bezeichnet habe. Ich würde sein Hineinwirken in unseren Alltag am ehesten als spontanes, nonverbales Wissen definieren. Es lässt uns die Wahrheit erkennen, unabhängig vom äußeren Anschein und unbeeinflusst von unserer subjektiven Meinung. Mit dem intuitiven Verständnis für die Bedeutung eines Problems, einer Herausforderung, einer akuten Krise untrennbar verbunden ist das gleichzeitige Wissen, was zu tun oder gegebenenfalls zu unterlassen ist.

Die Philosophie des Taoismus basiert auf drei Grundpfeilern, die unter der Oberfläche wieder zum Einen zusammenfließen:

TAO, der unveränderliche, unbewegte Ursprung der Dinge;
TE, das Leben, beziehungsweise die Wirklichkeit;
WU WEI, das Handeln durch Geschehenlassen.

Aus dem Tao gehen die Gegensätze hervor, der leere Raum und die Myriaden von Erscheinungen darin. Ohne die Leere und die Unbewegtheit des Raumes gäbe es nicht den Kontrast, der uns erst möglich macht, die Dinge voneinander zu trennen und sie zu unterscheiden. Auch unser Bewusstsein ist im Grunde ein unbewegter Raum, in dem sich das Leben mit seinem Kaleidoskop von Ereignissen, Erinnerungen, Gedanken und Gefühlen widerspiegelt.

Die Rolle von Te ist klar. Es erfüllt die aus dem geistigen Grund hervortretenden materiellen Erscheinungen mit Leben. Te ist die Intelligenz des Lebens an sich. Wer sich schon einmal mit Synergese befasst hat, mit der Selbstorganisation in der Natur, weiß, wovon die Rede ist. Unsere Welt organisiert sich selbst, ihr gegenwärtiger Zustand ist das Resultat zahlloser, sich über Jahrmillionen erstreckender Prozesse, deren Wirkkraft von Te ausgeht. Artenvielfalt bei Pflanzen und Tieren, die genetischen Codes, soziologische Strukturen, Staatenbildung, kulturelle Strömungen, Menschenrassen, Wetter- und Klimabildung, die Naturgesetze allgemein und endlos viel mehr sind Zeugnisse für die Existenz von Te. Te ist die Lebenskraft, die als Ganzes hinter dem ansonsten selbsttätigen biologischen Fortschritt steht. Auch unser Intellekt hat sich selbst organisiert und sich so seine bis heute ungebrochene Vorherrschaft gesichert.

Wir leben also in einer Welt, in die das Leben aus Te, einem Aspekt des Tao, strömt, und die sich selbst organisiert. **Und ich habe den Verdacht, sie organisiert uns mit.** Wohl üben wir den freien Willen aus und treffen Entscheidungen. Aber mal Hand aufs Herz: Ich bin von Geburt an eingebunden in das Regelwerk meiner Umwelt. Wenn ich eine wichtige Entscheidung zu treffen habe und diese nach sorgfältiger Analyse aller mir bekannten Fakten nach bestem Wissen und Gewissen fälle, bin ich für das Gelingen meines Vorhabens darauf angewiesen, dass es mit den Wirkkräften der Außenwelt harmoniert. Und auf die meisten habe ich keinen Einfluss. Oft hat man nach einem geglückten Coup das Gefühl, als ob der Erfolg eher dem Zufallsgenerator als dem eigenen Können zu verdanken sei.

Ein Weiser sagte einmal: «Wenn ich den Finger hebe, bebt die Erde», was besagen soll, dass jedes Ereignis auf der Welt mittelbar mit jedem anderen zusammenhängt. Laotse schrieb vom Tao, bezugnehmend auf die Einheit der Dinge:

«Das Tao erzeugt die Eins, die Eins erzeugt die Zwei.
Die Zwei erzeugt die Drei. Die Drei erzeugt alle Dinge.
Alle Dinge haben im Rücken das Dunkle und streben nach dem Licht, und die strömende Kraft gibt ihnen Harmonie.»

Das Problem beginnt, wenn ich jemandem klarzumachen versuche, was die Erkenntnis der Einheit bedeutet. Einmal sagte ein Seminarteilnehmer zu mir: «Ich kann anstellen, was ich will, von Einheit spüre ich überhaupt nichts. Ich fühle mich isoliert und getrennt und leer und inhaltslos und bin von der Übermacht der Verhältnisse zutiefst verunsichert. Und ich sehe auch nicht ein, was es mir nützt, außer dass ich einen Einbruch meines Identitätsgefühls akzeptieren soll.»

Sie mögen beim Lesen dieser Zeilen ähnlich empfinden. Verbal kann ich Ihnen außer Behauptungen keine Belege für die Einheit der Dinge liefern. Ich müsste Sie zu einem Teilchenbeschleuniger führen, Sie den berühmten Doppelspaltversuch beobachten lassen – und dann wäre fraglich, ob er Ihnen etwas sagt. (Zumal es inzwischen Techniker gibt, die die Thesen der großen Physiker bestreiten – freilich ohne sie widerlegen zu können.) Es gibt nur einen Weg, die Wahrheit herauszufinden. Auf die gleiche Art, wie einst Laotse seine Erkenntnis gewann: **aus den Dingen selbst!**

Es wird Sie irritieren, aber ich glaube nicht, dass es ein besonderes Gefühl für diese Einheit gibt. Es gibt keines, weil keines gebraucht wird. Denn unser alltägliches Bewusstsein *ist* bereits das Gefühl der Einheit! Das klingt paradox, denn kaum ein Mensch spürt etwas davon. Daran ist allerdings unser Denken schuld. Ein Leben lang haben wir die Dinge in der Überzeugung wahrgenommen, dass sie von uns getrennt sind. So haben wir es gelernt, so handeln wir, seit wir denken können, und auf dieser Grundannahme baut sich alle unsere Erfahrung auf. Wir glauben einfach zu wissen, dass wir und unsere Welt zweierlei sind. Sicher, von außen gesehen agieren Lebewesen unabhängig voneinander, und ich kann nicht in Nachbars Schädel eindringen und nachsehen, was er denkt. Doch die Trennung existiert nur an der Oberfläche. Denken Sie an die Beschreibung eines Atoms. Da wirbeln die Elektronen um den Kern, scheinbar selbständige Elemente, aber unsichtbar hängen sie ebenso wie wir miteinander zusammen.

Ein Freund von Sigmund Freud, der Dichter Romain Rolland, hatte ihm von einem «ozeanischen» Gefühl berichtet. Einem besonderen Gefühl, das ihn nie zu verlassen pflegte. Es sei ein Gefühl, das er «Ewigkeit» nennen möchte, ein Gefühl von etwas Unbegrenztem, Schrankenlosem, gleichsam Ozeanischem. Freud nahm dazu in einem langen Absatz Stellung, dem ich nur die knappe Hauptaussage entnehme: «Ich selbst kann dieses ‹ozeanische› Gefühl nicht in mir entdecken.» (S. Freud, «Das Unbehagen in der Kultur»)

Ich will nicht bestreiten, dass es Menschen gibt, die ähnlich wie Romain Rolland Gefühle der universalen Integration erleben, sei es ständig oder als seltene Episode. Krishnamurti berichtet in seinem Notizbuch umfassend von seiner diesbezüglichen Erfahrung. Dennoch bleibe ich dabei: für den Alltagsgebrauch würde das unserem Bewusstsein innewohnende Gespür für diese Einheit der Dinge vollkommen ausreichen. Dieses geistige Sichabsondern des Individuums von seiner Außenwelt ist nichts weiter als eine angelernte schlechte Gewohnheit. Unser Denken produziert sie, weil sie unsere Psyche aus dem Geschehen heraushalten und so vor Schmerz und Gefahr schützen soll. Was freilich nicht funktioniert. Wir suggerieren uns nur, unsere Erfahrung und die Welt, in der wir ihr ausgesetzt sind, seien von uns trennbar. Am Tatbestand der wirklichen Zusammenhänge ändert unsere Überzeugung nicht das Geringste. Sie erzeugt nur eine Illusion, mit der wir uns ab und zu ein wenig sicherer fühlen.

Wichtiger als der Wunsch nach außergewöhnlichen Seinserfahrungen ist es, zu realisieren, dass das Gefühl der Einheit unserem alltäglichen Bewusstsein als unveränderlicher Bestandteil innewohnt.

Sie können diesem Gefühl der Zusammengehörigkeit von Mensch und Außenwelt relativ leicht auf die Spur kommen, wenn Sie einen kleinen Test machen: *Hören Sie für ein paar Sekunden mit dem Denken auf. Das geht, es ist wie Atemanhalten.* Und während dieser Denkpause achten Sie bitte auf Ihre Umgebung. Sie werden auf der Stelle merken, dass mit dem Denken auch der trennende Prozess aufgehört hat. Es ist unvermittelt eine durch nichts gestörte Beziehung zum Draußen da, Sie spüren, wie plötzlich alle Bindung zum persönlichen Besitz von Ihnen weicht, sogar zu Bankkonto, Behausung und Partner haben Sie für Momente nicht mehr die verkrampfte, festhaltende Beziehung. Sie spüren die Kluft nicht mehr zwischen sich und Ihrer Umgebung. Ihre Persönlichkeit verschwindet für ein paar Sekunden im Hintergrund, und da ist für eine kurze Spanne kein Gefühl da, das Sie vom Äußeren trennt. Zwischen Innen und Außen existiert während dieses kurzen Testes kein Unterschied mehr. Und wenn Sie das öfter probieren, beginnt Ihr Hirn zu ahnen, dass es sich so viel müheloser leben – und sogar denken lässt. Sofern Sie stark genug an einer Änderung Ihres Alltagsgefühls in dieser Beziehung interessiert sind, wird es sogar möglich, dass Ihr Denken von selbst diese nunmehr spürbare Einheit als Faktum akzeptiert. Irgendwann, hoffentlich bald, werden Sie merken, wie sich leise ein Wandel in Ihrer Beziehung zur Welt eingestellt hat.

Die Einsicht in das Wesen von Tao und Te geben einem Menschen, der sucht, Auskunft über seine Position in der Welt. Im Erleben der Momente, in denen die Trennung zwischen Innen und dem Außen aufgehoben ist, entsteht eine Spiritualität ganz eigener Art. Sie spüren, dass Sie den engen Graben Ihrer individuellen Existenz ganz leicht verlassen können (während das Denken ein paar Takte den Atem anhält) und unvermittelt ein Mehr an Identität spüren, das keine Grenzen hat. Solche Erfahrungen können zum alltäglichen Lebensgefühl werden. Besonders deshalb, weil dieses Lebensgefühl dem realen, endlosen Umfang unserer Identität entspricht.

Mit einem Geist, der nicht mehr sucht, weil er angekommen ist, wären so auf der philosophisch-spirituellen Ebene Zweifel und Unklarheiten aus der Welt geschafft. Ungeklärt bleibt trotzdem der ganze Komplex der Lebensführung, des Entscheidens und Handelns. Dieser metaphysische Urgrund gibt keine Gebote aus, er bestraft nicht, aber er erhört auch keine Gebete. Und uns mit dem sich spontan im Menschen innewohnenden Leben und dem Weltgrund zu identifizieren bringt allein noch keine Lösung für unsere emotionalen oder materiellen Probleme.

Was wir brauchen, sind weniger erhabene Einsichten als einen Weg, der uns Hilfe im Alltag bringt.

Wer sich dem Taoismus so weit genähert hat, muss zwangsläufig die Kardinalfrage stellen: Was für einen praktischen Nutzen bringt es, ein Mensch des Tao zu sein? Die Antwort auf diese berechtigte Frage, die Formel für ein harmonischeres Leben lautet «Wu wei», der dritte und vielleicht wichtigste Pfeiler der alten

Lehre. Das chinesische Wort ist schwer zu übersetzen. Nicht-Handeln kommt ihm am nächsten, im Sinne von Nicht-Zwingen.

Wu wei darf nicht mit Trägheit, Lethargie, Faulheit oder Passivität verwechselt werden. Nicht-Handeln ist keine Untätigkeit, sondern absolute Empfänglichkeit für das, was sich vom Urgrund aus im Individuum auswirkt. Es ist das Wesensmerkmal eines Menschen, der das Tao versteht und dadurch zur Freiheit eines produktiven, intelligenten Tätigseins gefunden hat. Der Mensch des Tao – Laotse nennt ihn den Berufenen – erlebt die in seine Existenz hineinwirkenden Ereignisse als zu ihm gehörig, wie Beine, Arme oder sein Atem. Er handelt nicht willkürlich, sondern lässt das Leben selbst in sich zur Auswirkung kommen. Und er fühlt sich dennoch stets als Mittelpunkt. Das ist, wie wenn Sie eine Kugel nehmen und an einer beliebigen Stelle einen Punkt daraufsetzen. Dort, wo Sie sich befinden, bildet dieser Punkt immer das Zentrum.

Nicht-Handeln heißt segeln, wohin der Wind weht, dem Lauf des Wassers folgen, wohin es fließt, ohne Widerstand zu leisten. Das Ich hält sich zurück, weil es die intelligentere Art zu handeln verstanden hat. Der Mensch des Tao lebt nicht selbst – er lässt sich leben. Das klingt wie fremdbestimmt, willenlos, als ob Sie wie ein Gummiball wären, der auf den Wellen hüpft, oder ein Stück Holz, das im Strom treibt. Das Gegenteil ist der Fall. Sich-leben-Lassen ist wie Auto fahren mit Chauffeur. Sie haben den Platz am Steuer aus freiem Willen abgetreten und lassen sich hinbringen, wohin Sie möchten. Wo Sie sonst äußerst konzentriert nur das unmittelbare Geschehen längs der Straße mitbekamen, haben Sie so die Muße, die Welt ringsherum ohne den Stress des Fahrers zu genießen. Und Sie kommen ebenso rasch und müheloser voran als die anderen, die selber aufs Gaspedal treten.

Wer Wu wei nicht kennt – und kennen tun es die wenigsten –, hat gelernt, dass er kämpfen muss, wenn er überleben und es zu etwas bringen will. Er misstraut dem Weg des geringsten Widerstandes und er folgt Zielen, die ihm meistens insgeheim von anderen vorgegeben wurden. Gleich, ob es sich um Visionen von Selbstverwirklichung oder Karrierezielen handelt oder um die Anwendung bewährter Rezepte zum Überleben – seine Ideale vom glücklichen Leben sind wie die Rübe vor dem Maul des Esels. Die Inhaber und heimlichen Drahtzieher der Macht in unserer Gesellschaft sind es, die die Angel halten, an der die Rübe, Ihr Ideal, Ihnen vor der Nase baumelt.

Ein Mensch, der dem Leben selbst das Handeln überlässt, sitzt die Dinge nicht aus, und er lässt sich von den Ereignissen auch nicht überrollen. Er trifft seine Entscheidungen ohne die Qual der Wahl jedes Mal sofort und spontan, sobald eine Herausforderung sich zeigt. Er vertraut der Weisheit seines eigenen inneren Wesens, und durch die Identität seines Bewusstseins mit dem Tao hat er Zugang zum Potential der Menschheit. Seine spontanen Aktionen harmonieren mit der Außenwelt, und vor Versagern und «Rohrkrepierern» bleibt er meistens verschont. (Ich sage «meistens», weil es nirgendwo eine absolute Garantie gibt – aber das ist ein Thema, dem wir uns später noch zuwenden sollten.)

Mir ist bewusst, dass nach dem Lesen dieser Einführung in das Wesen des Taoismus kaum jemand imstande ist, im Tao zu leben. Ich kenne aus vielen abendfüllenden Diskussionen die Ursachen für die Schwierigkeiten, sich einer Lebensweise hinzugeben, wie sie einfacher und realitätsnäher nicht sein kann. Dass der Mensch unserer Zeit leider eine viel stärkere Beziehung zu seinen Ideen über die Wirklichkeit hat als zu ihr selbst, macht die Sache unnötig kompliziert.

Was uns hindert, zu dieser Freiheit des Handelns durch Nichteingreifen durchzubrechen, ist nicht das Fehlen von Eigenschaften oder Fähigkeiten, die womöglich nur wenige «Begnadete» besitzen. Wir müssen uns nichts antrainieren, er-meditieren oder durch Lustverzicht und strenge Disziplin verdienen. Der Weg des Tao verlangt keine besondere Begabung und keine geistigen Klimmzüge. **Ernsthaftes Interesse und die Bereitschaft zum Experiment, zum Ausprobieren genügen völlig.** Auch Glaube ist nicht notwendig – überzeugen soll Sie einzig das positive Resultat eigener Versuche. Ich möchte Sie anregen und Ihnen Mut machen, sich mit Ihren gewachsenen Überzeugungen und den daraus entstandenen Gewohnheiten des Denkens und Reagierens auseinander zu setzen. Diesem Zweck sind die folgenden Kapitel gewidmet. In ihnen finden Sie Beispiele und kleine, auf den ersten Blick unscheinbare Übungen, praxisnah und problembezogen. So kann es gelingen, eine uralte Lehre alltagstauglich und am Ende ohne Bedarf an weiterem Geschwätz lebbar zu machen.

2. KAPITEL

Lebenshilfe aus dem Tao

Als ich ein kleiner Junge war, habe ich mir oft überlegt, wie der liebe Gott es wohl anstellt, dass er bei der vielen Arbeit, die er hat, ausgerechnet noch die Zeit findet, auf mich zu achten. Wie konnte es zugehen, dass er bemerkte, ob ich böse oder brav war, und wie gelangten meine Bitten und Wünsche an die richtige Adresse. Ich weiß von vielen Menschen, die sich trotz aller im Laufe der Jahre eingetretenen Skepsis irgendwie diese kindliche Vorstellung von einem guten Geist, der über ihr Leben wacht, bewahrt haben. Wer sich nun mit dem Taoismus beschäftigt und Vergleiche zwischen dem Tao und der göttlichen Vatergestalt der Christen anstellt, dem wird zunächst das völlige Fehlen trostreicher und Sicherheit gewährender Eigenschaften beim Tao auffallen. Und es gibt einen weiteren Unterschied: In der Bibel wird Gott als Geist beschrieben, der *außerhalb* seiner Schöpfung steht und dort, sozusagen von einem erhöhten Standort aus, über sie wacht. Das Tao hingegen ist unmittelbar in der Schöpfung aufgegangen – es ist zum Universum *geworden.*

Daher die Aussage Tschuang tzus, dass es nichts gibt, in dem das Tao nicht ist. Zugleich ist es aber auch der geistige Urgrund geblieben, von dem alle Erscheinungen ausgehen und in den sie wieder zurückströmen. Aber dieser Urgrund ist von unbekannter Beschaffenheit, eigentlich ist er das Nichts, und erst in seiner materiellen Manifestation wird er sichtbar. Und zwar genauso, wie wir unsere Welt verstehen und beschreiben.

Eine Analogie zwischen Gott und Tao ist allerdings in den Schriften des christlichen Mönches Meister Eckart zu finden. Er hat im Mittelalter bereits geäußert, dass Gott durchaus nicht irgendwo droben in einem imaginären Himmel weilt, sondern sich in seiner Schöpfung offenbart. Dennoch kann ein Mensch von einem Gott, der in der materiellen Welt zu finden ist, Schutz und Hilfe erhoffen, weil er an dessen Eigenschaften glaubt, während das Tao Ihnen entweder als anonymer Urgrund gegenübersteht oder Sie es inmitten eines Universums suchen müssen, das sich höchstwahrscheinlich keinen Deut um Ihr Wohlergehen schert. Die letztere Auffassung dürfte den tatsächlichen Zuständen freilich viel eher gerecht werden als mein (und vermutlich auch Ihr) Kinderglaube. Was im Klartext heißt, dass auf den ersten Blick weit und breit niemand da ist, kein Gott, kein Geist und kein überirdischer Helfer, der einspringt, wenn Sie in der Bredouille sitzen.

Doch der Schein trügt. Im Tao ist Lebenshilfe zu finden, außerordentlich real, nüchtern und funktionierend. Das Tao als Urgrund selbst tut überhaupt nichts – aber es lässt nichts ungetan, weil es eben all dies selber *ist*. Es lebt in Ihnen und in mir. Unser Grundgefühl als Mensch, die Basis unseres Bewusstseins ist der Spiegel, in dem sich alle unsere Sorgen, Nöte und Probleme, unser ganzes Leben reflektieren. **Unser alltägliches Bewusstsein ist das Tao.** Und es bedarf keines Wunderglaubens an eine alles überschauende überirdische Macht, die in die Menschenherzen blickt, wenn wir realisieren, dass *unser* Blick, den *wir auf unser eigenes Bewusstsein* werfen, bereits die Verbindung zum Urgrund herstellt!

Es ist unsere verborgene Identität mit dem Tao, die uns die Garantie für alle Hilfe gibt, die wir im Leben brauchen.

Wie soll das in der Praxis funktionieren? Gott können wir betend oder kontemplativ meditierend um Hilfe anrufen – allerdings haben wir beim Glauben an das Walten himmlischer Mächte keinerlei Einfluss darauf, ob sie gegebenenfalls eingreifen oder nicht. Wer glaubend Unterstützung sucht, kann nie sicher sein, ob seine Nachricht den Empfänger erreicht. Das ist, als ob ich einen Bittbrief in ein Land mit unzuverlässiger Postzustellung schicke, und zwar an eine Person, die von einer Sekretärin abgeschirmt wird. Wenn auf meine Bitte hin nichts geschieht und keine Antwort kommt, weiß ich nicht, was daran schuld ist. Hat die Post meinen Brief nicht zugestellt? Hat ihn die Sekretärin in den Papierkorb geworfen? Hat der Chef «nein» gesagt? Oder «ja», aber «der soll warten»? Keine Ahnung, was ich bewirkt oder nicht bewirkt habe. Beim Tao ist das grundsätzlich anders. Wenn wir beim Beispiel vom Bittbrief bleiben, dann wäre die Situation so, dass *ich mir diesen Brief selber schreibe* und infolgedessen die absolute Gewissheit habe, dass er beim Empfänger ankommt.

Wie oft in den Schriften des Taoismus taucht hier das Paradox auf, dass ich Hilferufe ans Tao an mich selber richten muss – so nach dem alten Motto: «Hilf dir selbst, dann hilft dir Gott.» Die Sache ist allerdings ein wenig komplexer, als ich sie zur Einführung skizziert habe. Der Weg, auf dem «meine Post» das Tao erreicht, führt über mein Bewusstsein. Und damit keine Missverständnisse aufkommen, muss jetzt geklärt werden, was ich mit «Bewusstsein» meine. Neurophysiologen und Psychologen packen in den Begriff alles hinein: mein Ichgefühl, meine Gedanken, meine Emotionen, meine bewußt erlebten Sinneseindrücke. Aus taoistischer Sicht müssen wir hier ein wenig differenzieren. (Wobei mir auffällt, dass es wenig Begriffe in unserer Sprache gibt, die sie zu einer besseren Charakterisierung von «Bewusstsein» zur Verfügung stellt.) Ist Denken Bewusstsein? Eigentlich nicht. Denken ist ein Vorgang im Gehirn, eine Tätigkeit also. Ich kann mir bewusst sein, dass ich denke (was auf weiten Strecken unseres Tagesablaufes meistens nicht der Fall ist), ich kann meine Gedanken wahrnehmen, und diese Wahrnehmung des Denkvorganges inklusive seiner Inhalte gehört zum Bewusstsein. Folglich können wir sagen, Wahrnehmung und Bewusstsein bedingen einander. Dies gilt für Gedanken ebenso wie für Gefühle und Sinneseindrücke. Was ich wahrnehme, also was ich mitbekomme, ist mir ergo auch bewusst – es erreicht mein Bewusstsein und es wird auf seiner unbewegten Ebene reflektiert wie in einem Spiegel. Diese Ebene ist immer aktiv, gleich, ob wir unsere Gedanken, Gefühle oder andere Aktionen bewusst registrieren oder nicht. Sie können sie ohne Anstrengung entdecken, wenn Ihr Denken für einige Takte den Atem anhält. Dann ist sie da, still und objektiv.

Wann nehme ich etwas wahr? Und wann entgeht es mir? **Ich nehme Dinge und Vorgänge wahr, wenn ich aufmerksam bin, hellwach, und sie entgehen mir in Phasen der Unaufmerksamkeit!**

Bereits in meinem Buch «Wu wei – die Lebenskunst des Tao» habe ich die hervorragende Bedeutung der Aufmerksamkeit betont. Und die Notwendigkeit, uns des gegenwärtigen Geschehens **bewusst** zu sein und im Jetzt statt im Gestern oder Morgen zu leben. In der Tat ist es ja so, dass wir in gar keiner anderen Zeit als in der Gegenwart leben können, weil nur sie uns zur Verfügung steht. Vergangenheit und Zukunft sind Hilfskonstruktionen, mit denen unser Verstand im Jetzt geschehene Ereignisse logisch auf die Reihe bringt. Es geht also primär darum zu realisieren, dass wir keine andere Wahl haben: Wir haben nur das Jetzt zum Leben und Wahrnehmen und keine andere Zeitform. Die Art, wie wir mit unserer Gegenwart umgehen, ist eine einzige Flucht vor der Realität. In seinem Buch «Die Zukunft einer Illusion» schreibt Sigmund Freud sehr treffend:

> «Endlich kommt die merkwürdige Tatsache zur Wirkung, dass die Menschen im Allgemeinen ihre Gegenwart wie naiv erleben, ohne deren Inhalte würdigen zu können; sie müssen erst Distanz zu ihr gewinnen, d. h. die Gegenwart muss zur Vergangenheit geworden sein, wenn man aus ihr Anhaltspunkte zur Beurteilung des Zukünftigen gewinnen soll.»

In den Jahren, seitdem ich Seminare abhalte, hat mir die Begegnung mit meinen Leserinnen und Lesern sehr geholfen, das Problem zu verstehen, dem ein Mensch gegenübersteht, der begriffen hat, wie wichtig es ist, die Gegenwart wahrzunehmen, und der dies ernsthaft versucht. In unseren Diskussionen habe ich eine Vielzahl von Berichten des Scheiterns bekommen. Jemand nimmt sich vor: «Ab sofort achtest du auf das, was jetzt geschieht, und lässt dich nicht andauernd ablenken, sodass du mehr in der Vergangenheit oder Zukunft weilst als bei dem, was gerade passiert.» Man versuchte ehrlichen Herzens und Willens beim akuten Geschehen zu bleiben und erkannte rasch, wie anstrengend das anscheinend ist. Die Sinneseindrücke werden sofort von Gedanken in Empfang genommen und lösen weitere Gedanken und Gefühle aus. Und lenken vom Moment des Geschehens ab und führen den Betrachter in weite Fernen. Vor dir läuft dein Leben ab, und du spürst, dass du gar nicht dabei bist.

Die beiden Forderungen «Lebe in der Gegenwart» und «Aber streng dich nicht an dabei» scheinen sich gegenseitig auszuschließen. Jeder Versuch, die Geschehnisse ringsumher intensiv und kontinuierlich wahrzunehmen, endet früher oder später – meistens früher – im Stress. Ich habe in «Wu wei» eine Art frei schwebender Beobachtung empfohlen, aber beim Versuch wird aus dieser binnen kürzester Frist angestrengte Konzentration.

Was ist schuld daran, dass eine an sich plausible Aufforderung so schwer bis unmöglich realisierbar ist? Tja, das hängt vor allen Dingen damit zusammen, dass wir pausenlos alles Mögliche denken. Dieser Zwang, ständig über allerlei nachzudenken, ist stressig, aber wir kommen dem Übel mit Willenskraft oder Tricks nicht bei. Wir wollen das Denken nicht verteufeln – hätten wir die Fähigkeit dazu nicht, würden wir wahrscheinlich noch immer in Höhlen hausen und uns mit Keulen den Schädel einschlagen (statt mit Raketen). Betrachten wir die Problematik an einem Beispiel:

Ich mache einen Spaziergang durch den Stadtpark. Vor Antritt habe ich mir fest vorgenommen, diesmal den schönen Tag zu genießen und alle Erscheinungen aufmerksam in mich aufzunehmen. Kaum habe ich den Park betreten, merke ich bereits, dass mir die filigrane Schönheit der schmiedeeisernen Tore entgangen ist. Ich konzentriere mich und höre plötzlich die Finken und Meisen schlagen. Menschen begegnen mir auf dem Weg, Frauen mit Kinderwagen, spielende größere Kinder, Jugendliche auf der Wiese mit Federballschlägern, alte Herren und eilige, gut gekleidete junge Männer mit Aktenkoffern. Ich nehme mir nicht die Zeit, in die Gesichter zu blicken, weil ich mir ja vorgenommen habe, die Natur in vollen Zügen zu genießen, sie jetzt in mich aufzunehmen und heimzutragen. Ich konzentriere mich auf den weiten See. Bemerke Wasserhühner, Enten, ein paar Schwäne und ab und zu Kreise auf der Wasseroberfläche – Karpfen beim Aufschnappen von Brotbrocken, welche Besucher hineingeworfen haben. Je länger ich verweile, desto müder werde ich vom angestrengten Hinsehen. Die alte, gebeugte Frau mit der großen Tasche und dem dicken, alten Dackel ist mir beinahe entgangen. Ich kann schließlich nicht auf allen Hochzeiten tanzen. Und die Gedanken. Der Blütenduft hat Erinnerungen an meine Kindheit geweckt, als wir einen eigenen Garten hatten. Ich überlege, wie die Sträucher hießen, die damals neben dem Pförtchen wuchsen. Dann fällt mir ein, dass ich morgen aufs Finanzamt muss, und leises Unbehagen überschattet den Frühlingstag. Und so geht es weiter. Ich pendle zwischen dem Verlangen nach möglichst vielen bewusst erlebten Eindrücken, meinen wirren Gedankenketten und dem unmöglich mitzunehmenden Rest des Geschehens hin und her. Und nach Hause zurückgekehrt, bin ich recht unglücklich – und müde und erschöpft dazu. So oder ähnlich läuft es doch ab, nicht wahr?

Die Geschichte offenbart einen grundlegenden Fehler. Wenn

es mir gelingt, Ihnen diesen verständlich zu machen, werden Sie wahrscheinlich nie wieder Probleme mit Ihrer Aufmerksamkeit haben. Der Fehler steckt nämlich erstens in unserer Meinung darüber, was Aufmerksamkeit wahrnehmen soll und was nicht, und zweitens, dass wir jedes Mal, wenn wir uns vornehmen, aufmerksam zu sein, *versuchen, unsere Denktätigkeit, die alle Sinneswahrnehmung überlagert, auszuklammern!* Die Folge ist, dass frei schwebende Beobachtung unmittelbar in angestrengte Konzentration umschlägt. Das Hirn, das sich vorgenommen hat, aufmerksam zu sein, *versucht ständig und erfolglos, aus der Wahrnehmung die inneren Prozesse auszuklammern.*

Es gibt einen Ausweg aus dem Dilemma:

Echte Aufmerksamkeit klammert nichts aus. Es gibt in dieser Aufmerksamkeit keine Konzentration auf bestimmte Dinge, sie trifft keine Auswahl dessen, was sie wahrnehmen will und was nicht. Das bedeutet, dass ich mir ohne besondere Anstrengung *aller* Vorgänge bewusst werde, der äußeren wie der inneren.

Ich gehe spazieren. Hellwach, und ich bin mir meiner Gefühle, meiner Gedanken und der Dinge gewahr, die ich höre, sehe oder rieche. Meine Gedanken mögen sich mit Vergangenem oder Künftigem beschäftigen, ich denke sie **jetzt** und werde mir ihrer ebenfalls **jetzt** gewahr. Ich lasse alles, das Innere wie das Äußere, auf mich einwirken und mir bewusst werden. Und in diesem Bewusstwerden vereinigt sich meine subjektive Wahrnehmung der alltäglichen Vorgänge und mein zum Tao hin geöffnetes Bewusstsein. So wird schließlich Nansens Antwort auf die Frage nach dem Tao verständlich:

«Wir erleben es täglich, das Tao.»

Schöpfung ist ein Dauervorgang, und er findet immer *jetzt* statt. Wenn uns jemand auffordert, die Zeitspanne von Vergangenheit, Gegenwart und Zukunft zu nennen, haben wir bei Vergangenheit und Zukunft keine Schwierigkeiten. Die eine dehnt sich nach hinten und die andere nach vorne quasi endlos aus. Doch wie steht es mit der Gegenwart? Wieviel Zeit stellt sie zur Verfügung, bis sie zur Vergangenheit wird? Hier beginnt unsere Schwierigkeit bei der Definition. Während ich diesen Satz schreibe, beginnend mit dem «W», ist dieses bereits Vergangenheit, wenn ihm das «ä» folgt. Der Moment der Gegenwart ist sogar noch knapper: In dem Intervall zwischen dem Antippen eines Buchstabens auf der Tastatur und seinem Erscheinen auf dem Papier ist der Vorgang des Tippens, z. B. vom W, bereits wieder in die Vergangenheit eingeflossen. Ich will Ihnen damit vor Augen führen, in welche Falle wir tappen, wenn wir dieses Denkkonstrukt der Zeitformen nicht auf seine Realitätstauglichkeit hin untersuchen. Ich kann mir zwar damit behelfen, dass ich Gegenwart als Zeitraum definiere – «Die Kunst der Gegenwart» oder «unsere gegenwärtige Finanzlage», womit in beiden Fällen Spannen von einem dreiviertel Jahrhundert oder einem halben Jahr gemeint sein können. Im Sinne unserer Frage nach der Lebenshilfe aus dem Tao sollten wir auf das Hilfsgerüst der Zeitformen vollständig verzichten, weil sie dafür nicht brauchbar sind. Auch eine intellektuelle Definition des Begriffes «Jetzt» bringt uns nichts ein. Jetzt kann eine billionstel Sekunde bedeuten, Intervalle, wie sie in der subatomaren Physik beschrieben werden; jetzt ist aber ebenso gut *immer*, weil es in der Tat ständig vorhanden ist. Es gibt einfach immer nur dieses Jetzt, wie kurz es als eigenständige physikalische Zeiteinheit auch definiert wird.

Dies Nachdenken über das Jetzt führt zum Kern der Dinge. Der Zeitfaktor spielt für einen Menschen, der sein Leben am taoistischen Prinzip orientieren will, eine wichtige Rolle. Weil die Hilfe aus der Tiefe des eigenen Bewusstseins von unserer unmittelbaren Betrachtung eines Problems abhängt. **Es gibt eine bestimmte Art, auf seine Sorgen und Nöte zu schauen, die Abhilfe schafft.** Und zwar muss ich lernen, auf eine prekäre Lebenssituation objektiv, also neutral zu schauen, ohne dass meine Gedanken dem Problem meine von Ängsten und Vorurteilen diktierte Meinung darüber stülpen. Ich muss fähig sein, einen Sachverhalt so zu sehen, wie er tatsächlich beschaffen ist. Das geht nur dann, wenn ich ihm kommentarlos gestatte, sich selbst darzustellen. Auf diese Weise gewinne ich Einsicht in das Problem, und dieses Verstehen schließt die Lösung ein. Speziell dieser Rat, eine Situation selbst zu Wort kommen zu lassen und bei ihrer Betrachtung das Denken zunächst einmal herauszuhalten, löst regelmäßig Fragen bei Lesern und Seminarteilnehmern aus. «Wie lange muss man denn so eine Krise anstarren, damit etwas geschieht?» ist eine der häufigsten. Oder: «Ich kann einfach nicht mit Denken aufhören, wenn ich etwas ansehe, was immer es ist. Wie soll das, was Sie empfehlen, denn dann funktionieren?» Die erst einmal schwer verständliche Antwort lautet, dass ich eine Krise nicht stundenlang anschauen muss, bis das Tao in mir realisiert, dass Handlungsbedarf besteht. **Es ist völlig ausreichend, wenn ich es *jetzt*, für einige wenige Augenblicke betrachte. Dies freilich mit meinem ganzen Sein, mit Herz und Kopf und allem, was in mir ist!** Diese kurzen Sekunden im Intervall zwischen zwei Gedanken genügen. Der Spiegel unseres Bewusstseins braucht nur Augenblicke, um eine Sache vollinhaltlich aufzunehmen. Bitte, probieren Sie es aus. Wenn es ein einziges Mal funktioniert hat, werden Sie niemals mehr anders mit Ihren Problemen umgehen. Denn Sie werden nach einer solchen, außerordentlich intensiven Betrachtung erleben, dass sich an der fraglichen Situation binnen 24 bis 36 Stunden bereits deutlich etwas ändert. Schauen Sie, wie oben beschrieben – und warten Sie ab, was geschieht. Mit Ihrer Beobachtung des Problems haben Sie nonverbal und dynamisch auf die Lage eingewirkt.

Kenner und Interpreten des Taoismus werden beanstanden, dass ich in meiner Auslegung der alten Schriften weit über die übliche Wiederholung der bereits publizierten und zum größten Teil sehr allgemein gehaltenen taoistischen Texte hinausgehe. Da ich aus eigener Erfahrung weiß, wie schwierig zum Beispiel Tschuang tzus Übertreibungen und die keineswegs klareren Formulierungen chinesischer Kommentatoren zu verstehen sind, habe ich diese Aussagen grundsätzlich auf ihre praktische Verwendbarkeit hin untersucht und sie dann gegebenenfalls in unsere Alltagssprache übersetzt. Sosehr ich persönlich die alten Schriften der Chinesen schätze – einen sinnsuchenden Menschen irritieren sie meist mehr, als dass sie ihre Weisheit allgemein verständlich preisgeben. Ich denke, das liegt unter anderem daran, dass die Philosophie vom Tao im Grunde sehr realistisch ist und die Aussagen eines Laotse gar nicht so metaphysisch aufgefasst werden sollten, wie viele der interessierten Leute es tun. Ich muss das Verständnis Richard Wilhelms bewundern, das in seinen einleitenden Kommentaren zur ebenfalls von ihm stammenden Übersetzung des Tao te king zum Ausdruck kommt. Seine fundamentalen Aussagen unterscheiden sich wohltuend von anderen Arbeiten über den Taoismus. Was bei Wilhelm fehlt – weil er nichts dergleichen im Sinn hatte –, ist der Bezug zu jeder Art von unmittelbarer psychischer und materieller Lebenshilfe. Dabei ist es von seiner Aussage, dass der Berufene sich vom Tao leben lässt, und der sich daraus ergebenden Konsequenz eines harmonischeren, anstrengungsfreieren Lebens nur ein kurzer und logischer Schritt. Wenn ich diesen Aspekt stärker als alles schöngeistige Philosophieren hervorhebe, dann deshalb, weil ich selbst auf diese Wahrheit gestoßen bin. Die Einsicht in unsere Identität mit dem Weltgrund muss praktische Konsequenzen haben, sonst bleibt es beim Glaubenssatz ohne Stärke – es bleibt ein Trostpflästerchen.

Dass ein Mensch, der sich im Handeln im Geist des Tao versucht, sehr viel realistischer sein muss, dem Jetzt, dem Wirklichen zugewandt, ist eigentlich das Indiz dafür, dass es sich um eine Lehre handelt, die den Beweis für ihre Nützlichkeit nicht erst in einem nebulösen Jenseits einzulösen verspricht. Die Lehre vom Tao beansprucht keinen Glauben – nur ein wenig Vertrauen ist gefragt. Das Einzige, was Sie für sich tun können, ist ausprobieren. Praxisnäher geht es nicht. Wer im Taoismus Erbauung anstelle von handfesten Lösungen sucht, lässt das Wertvollste an ihm außer Acht.

3. KAPITEL

Das Prinzip des Nicht-Handelns

Nach meinen Ausführungen im vorigen Kapitel könnte der Eindruck entstehen, man brauche eine Schwierigkeit bloß auf eine bestimmte Art anzusehen, dann gerate die Welt wieder in Ordnung. Das stimmt insoweit, als es der erste Schritt ist. Dem weitere folgen müssen, bei denen wir eine aktivere Rolle spielen. Tatsächlich kann der Mensch kein Ding beobachten, ohne es zugleich zu verändern. Sie dürfen mir jetzt spontan entgegenhalten, dass ein Grabstein sich kein bisschen rührt, wenn Sie davor stehen und auf ihn herabblicken. Der Eindruck täuscht. Selbst Marmor oder Granit verändern sich, unmerklich und endlos langsam für unser Zeitgefühl, aber sie tun es. Unsere Existenz findet statt, weil wir sie wahrnehmen, und wir nehmen uns wahr, weil wir stattfinden. Der Bischof von Berkeley sagte einmal: «Der Baum, der im Wald ungehört fällt, erzeugt kein Geräusch.» Die Dinge ereignen sich, weil jemand sie wahrnimmt. Ist Ihnen nie aufgefallen, dass Ereignisse, die stark in den Blickpunkt der Menschen treten, die Neigung haben, sich zu wiederholen? Man nennt dies das Gesetz der Serie. Vor einiger Zeit passierte diese schreckliche Brandkatastrophe im Mont-Blanc-Tunnel. Und knapp danach erfuhren wir vom nächsten Brand, diesmal in einem österreichischen Tunnel. Oder diese anhaltende Reihe von Eisenbahnunglücken. Jahrelang war nichts passiert, und mit einemmal summierten sich die Katastrophen, als ob die erste die anderen ausgelöst hätte. Die Kumulation ans Tageslicht tretender Ereignisse gleicher oder ähnlicher Art ist ein Indiz für die Macht kollektiver Aufmerksamkeit. **Wir sind stärker und unmittelbarer mit den Vorgängen der Außen-**

welt verbunden und beeinflussen sie mehr, als wir uns träumen lassen.

Vor Jahren haben wir für unseren Garten eine bestimmte Sorte des Sommerflieders gesucht, Buddleia alternifolia. Wir klapperten diverse Gärtnereien und Gartenmärkte ab, aber nirgendwo war diese Pflanze im Angebot. Wir gaben die frustrierende Suche auf und überlegten, ob wir eventuell im Versandhandel fündig würden. Und zwei Wochen später, bei unserem nächsten Stadtbesuch, staunten wir. Überall, wo wir reinschauten, war die Pflanze zu haben. Gut, man könnte sagen, unsere Rückfragen hätten die Händler veranlasst, sich die Sorte zuzulegen. Dieses Argument trifft jedoch auf die großen, konzernmäßig organisierten Gartenmärkte nicht zu. Zumal wir dort nur nachgeschaut, aber nicht gefragt hatten, weil in diesen Selbstbedienungszentren niemand da war, den wir hätten fragen können.

Ich habe dieses Phänomen über Jahre hinweg studiert, und die Episode mit dem Sommerflieder war nicht die einzige. 1997 sind wir nach Italien umgezogen, der Sonne und Wärme entgegen. Meine Frau und ich interessieren uns sehr für die Flora und Fauna unserer Umgebung. Im ersten Frühsommer fanden wir auf unserem Grundstück vereinzelt Orchideen, seltene Exemplare, die ich bisher nur von Abbildungen aus Büchern kannte. Wir freuten uns riesig darüber und suchten die Plätze regelmäßig bis zum Ende der Blüte auf. Im nächsten Jahr erlebten wir unsere Überraschung: In mehreren Sorten fanden wir diese Orchideen zu Hunderten, nicht nur an den alten Standorten – sogar die Wiese hinter unserem Haus war übersät damit. Direkt an einer Hauswand, unter einem alten Rosenstock fand eine botanisch interessierte Seminarteilnehmerin eine selbst hier in der Gegend sehr seltene Art. Ich könnte seitenweise weiter erzählen, aber wie wäre es, wenn Sie in *Ihrem* Lebensbereich die Sache mal in die Hand nähmen? Ganz gleich, wo Ihre speziellen Interessen liegen, richten Sie einmal versuchsweise bei Ihrer Suche nach bereichernden Erlebnissen Ihr volles Augenmerk darauf. Vielleicht sammeln Sie alte Fotoapparate, und die Flohmärkte geben nichts mehr her, oder die Dinge sind zu teuer und rar geworden. Testen Sie es. Das sind die ersten behutsamen Schritte auf dem Weg des Tao.

Abschließend noch eine kleine Begebenheit: Auf unserem Gelände wachsen viele verwilderte Obstbäume, und vorigen Sommer gab es wenig zu ernten, weil die meisten Blüten im Frühjahr nicht befruchtet worden waren. Eigentlich hätte ich gerne ein Bienenvolk, dachte ich eines Tages vor mich hin. Das war freitags. Am Pfingstmontag, einen Tag nach einem Seminar, flog uns morgens gegen elf Uhr ein großer Schwarm Bienen zu. Ließ sich in Reichweite auf einem Haselstrauch direkt neben dem Haus nieder. Ich telefonierte mit einem Freund, der selbst einige Bienenvölker hat. Er kam, und über Mittag fingen wir die Bienen ein und setzten sie in einen Bienenstock, den er mitgebracht hatte. Ich hatte zu Anfang nichts weiter getan, als ein wenig an Bienen zu denken (woran Sie sehen, dass Gedanken gelegentlich ganz nützlich sein können). Als der Schwarm gelandet war, musste gehandelt werden. Ihn beobachten und abwarten hätte nicht verhindert, dass er bald weiterzog. Ich habe ihn auf den Rat des Freundes hin mit einem halben Liter gezuckerten Rotwein eingesprüht. Was bewirkt hat, dass das mächtige junge Volk an seinem Platz ausgeharrt hat, bis wir es pflücken konnten. **Beobachtung ist notwendig, aber der Wahrnehmung muss, wenn die Zeit reif ist, die Aktion folgen.**

Am Anfang des Nicht-Handelns steht Aufmerksamkeit. Was ich *jetzt* sehe und beobachte, hat die Tendenz, sich unter meiner Aufmerksamkeit zu verändern. Festgefahrene Situationen lassen unversehens erkennen, dass sich etwas löst, plötzlich gehen lange verschlossene Türen auf, und wo kurz zuvor noch weit und breit keine Chance für einen Wandel in Sicht war, öffnen sich Perspektiven. Dort beginnt die zweite Phase der Lösung eines Problems.

Die Dinge beginnen sich zu verändern – und was mache ich? Ein Szenarium ist reif geworden für mein Eingreifen, die lange versperrte Tür ist unvermittelt aufgegangen. Was werde ich jetzt tun? Es aussitzen und weiter abwarten? Das wäre nicht im Geist von Wu wei. Die Ärmel hochkrempeln und mit äußerstem Energieeinsatz dort weiterkämpfen, wo mich zuvor das Glück verlassen hat? Nein, keines von beiden. Ich muss mir klarmachen, dass eine schwierige Situation, die sich dank meines Bewusstwerdens zu klären beginnt, sehr wahrscheinlich durch fehlerhafte Entscheidungen in der Vergangenheit und / oder die Macht der Umstände verursacht worden ist. Gegen äußere Machtverhältnisse komme ich mit Willenskraft nicht an, und mein Wissen und meine Erfahrung haben mich schon einmal im Stich gelassen. Eine Wiederholung des Desasters mit anderen Vorzeichen wäre nicht auszuschließen. Was soll ich also tun?

Als Erstes muss ich mir klar werden, dass ich es nicht weiß. Als Zweites darf ich nicht versuchen, den Reflexen meiner Erfahrung zu folgen. Ich lasse das veränderte Szenarium selbst zu Wort kommen und ich gestatte ihm, sich wie in einem Spiegel in meinem Bewusstsein darzustellen. Und in dieser Reflexion des Wirklichen ist die Antwort enthalten. Ich spüre sie und beginne zu verstehen, was zu tun – oder gegebenenfalls zu unterlassen ist.

Die alten Chinesen behalfen sich bei wichtigen Entscheidungen mit der Befragung des Orakels. In der Vorzeit, als der Taoismus noch eine animistische Naturreligion war (Animismus: urtümlicher Glaube an die Beseeltheit des Wirklichen), geschah dies mit Hilfe von mit Symbolen bemalten Knochen, in die mit einem heißen Eisen ein Loch gebohrt wurde. Dabei entstanden Sprünge, und aus der Position dieser Risse in der Nähe eines Symbols wurde dann die Antwort herausgelesen. Später, etwa um 2500 vor unserer

Zeitrechnung, also vor viereinhalbtausend Jahren, soll der legendäre Kaiser Fu-hsi die Trigramme erfunden haben, bestehend aus durchgehenden oder unterbrochenen Linien – wie wir sie heute noch beim I Ging vorfinden. Es wurden Regeln für die Befragung festgelegt, die ihre Wurzeln in Elementen wie Feuer, Wasser, Erde und Himmel hatten. Es waren dies die ersten behutsamen Schritte in Richtung Wu wei, dem Nicht-Handeln, dem Geschehenlassen. Die Einsicht in die Offenbarungen des Orakels trat spontan ein – Sie können es etwa mit der Wirkung vergleichen, die ein Rorschach-Klecks auf eine Testperson hat.

Zweitausend Jahre später hat Laotse in seinem Werk das Orakel mit keinem Wort erwähnt. Der Berufene, also der Mensch, der sich vom Tao leiten lässt, ist auf Hilfsmittel wie die Deutung von Sprüngen in alten Knochen oder geworfene Münzen nicht angewiesen. Er schöpft die Impulse seines Handelns unmittelbar aus der ihm innewohnenden Intelligenz des Weltgrundes. Er achtet auf das, was sich in seiner eigenen Tiefe regt. Wir sagen heute Spontaneität, Intuition, Inspiration oder Kreativität dazu. Die Quelle ist über die Jahrtausende hinweg die gleiche geblieben. Wo einst die Menschen die Signale des Orakels als Anzeiger ihres inneren Wissens verwendet haben, verzichtet der Mensch des Tao auf derartige Hilfen zur Entscheidungsfindung. Im Grunde hätten auch die Menschen der taoistischen Frühgeschichte das Orakel nicht gebraucht. Wie beim Wünschelrutengehen oder der Benutzung eines Pendels zum Auffinden von Wasseradern oder Bodenschätzen steckt das Wissen über mögliche Fundorte nicht in den Geräten. Ihr Ausschlag signalisiert vielmehr die verborgene Kenntnis des Rutengängers und macht sie sichtbar. Orakel, Wünschelrute, Pendel und meinetwegen auch Tarotkarten sind bloß die Verstärker, die Lautsprecher für etwas, das bereits in uns schlummert, aber dessen Impulse zu ungewohnt sind, als dass wir sie inmitten des Lärms in unseren Köpfen wahrnehmen würden.

Ich kenne eine Reihe praktizierender Christen, die zur Bibel greifen, wenn sie Fragen an die höhere Macht haben, der sie vertrauen. Sie schlagen sie an einer beliebigen Stelle ohne Nachdenken auf und lesen die Textstelle, auf die zuerst ihr Blick fällt. Im Prinzip ist das ebenfalls eine Orakelbefragung – und die Antworten treten in *allen* Fällen aus der eigenen Tiefe hervor. Es ist durch zahllose Erlebnisse belegt, dass wir mehr über die Dinge wissen, als wir uns zutrauen. Ich habe in den verflossenen sechs Jahren Hunderten von Personen unter anderem eine bestimmte Frage vorgelegt, und die Antworten darauf waren sehr aufschlussreich, speziell was unsere verborgenen und leider so selten genutzten Fähigkeiten betrifft. Die Frage lautete sinngemäß: «Erinnern Sie sich an Ausnahmesituationen in Ihrem Leben, wo Sie im Schockzustand ohne Zeit zum Nachdenken innerhalb der Schrecksekunde spontan richtig reagiert haben?» Es gab keine einzige Nein-Stimme. Alle Befragten berichteten von derartigen Erlebnissen. Ich bekam außerdem Schilderungen von Gefühlen der Warnung, die vor Unheil bewahrt, und von impulsiven Handlungen, die am Ende Glück und Erfolg gebracht haben. Wenn ich nachhakte, ob jemand aus seinen diesbezüglichen Erlebnissen Konsequenzen gezogen und versucht habe, diese Fähigkeit zur spontanen Tat im Alltagsbetrieb anzuwenden, erhielt ich kaum positive Antworten. Ein Unternehmer sagte, er würde seine geschäftlichen Entscheidungen grundsätzlich aus dem Bauch heraus treffen und nicht mit dem Kopf. Die meisten Gesprächsteilnehmer meinten, die Ereignisse wären zu selten gewesen, zu rasch und obendrein unwillkürlich passiert, als dass man daraus irgendeine alltagstaugliche Regel hätte ableiten können. Von den wenigen, die es versucht hatten, kam die Auskunft, dass ihr Verstand zu übermächtig sei, und wenn sie in sich hineinhorchten und auf eine Eingebung warteten, herrsche dort Funkstille – Spontaneität lässt sich leider nicht herbeizwingen.

Ein Merkmal der Erkenntnis, die der Weg des Tao vermittelt, ist die Einsicht, dass wir mit unserem Willen wenig bis gar nichts ausrichten können, wenn es um die Erschließung anderer als unserer erlernten intellektuellen Fähigkeiten geht. Wir sind ein Leben lang im Gebrauch von Wissen und Verstand trainiert worden. In unseren Köpfen ist ein System zur Bewältigung des Lebens installiert, das sich über Jahrtausende hinweg im Gehirn der Menschheit mehr oder weniger selbst organisiert hat. Derartige über lange Zeiträume hinweg gewachsene Mechanismen besitzen eine außerordentliche Stabilität. Selbst die nachweisbaren Unvollkommenheiten unseres Entscheidungsapparates bewirken lediglich, dass man sich mehr vom erkennbar Unzulänglichen aneignet. Mehr Wissen, mehr Information, mehr antrainiertes Kombinationsvermögen sollen Abhilfe schaffen. Paranormale Gaben verweist unsere verstandesgebundene Gesellschaft ins Esoterische, Metaphysische – also ins Reich der Träumer, Spinner und Weltfremden. In neuerer Zeit erscheinen zwar Publikationen, die eine Kombination von Gefühl und Verstand favorisieren. – Die Idee besticht auf den ersten Blick, eine solche Verbindung scheint endlich ein Ausweg aus dem unterschwellig durchaus zugegebenen Dilemma zu sein. Wir wollen die Sache untersuchen:

Die Idee, primär seinen Gefühlen ein größeres Mitspracherecht bei Entscheidungen einzuräumen, hat der Verstand geboren. Der Verstand behält sich dabei eine mehr als paritätische Einflussnahme vor. Das ist etwa wie im Bundestag: die Abgeordneten haben eine Erhöhung der Frauenquote beschlossen – aber sind seitdem ebenso viele Frauen im Parlament wie Männer? Auf die gleiche Weise sorgt der menschliche Intellekt dafür, dass er, Gefühle hin, Gefühle her, weiter die Oberhand behält. Ein Willensakt, der beschließt, künftig mehr auf seine Gefühle zu achten, entspringt der gleichen Matrix in unserem Kopf wie alle anderen Beschlüsse, die wir fassen. Schauen Sie, liebe Leserin, lieber Leser, wir müssen tagtäglich Entscheidungen treffen. Zahllose kleine, unbedeutende, die beinahe unbewusst, routinemäßig ablaufen. Aufstehen, Kaffee kochen, duschen, Zähne putzen, sich anziehen, ins Büro fahren, seinen Job machen – das alles erledigen die Schablonen in unserem Hirn beinahe automatisch. Wenn es sich um wichtige Dinge handelt, müssen wir nachdenken. Wir analysieren eine Situation, die unser Handeln verlangt, forschen nach vergleichbarem Material im Gedächtnis, ermitteln Ähnlichkeiten mit Präzedenzfällen, die wir kennen. Und aus diesen Informationen gewinnen wir die Kriterien für unsere Schlussfolgerung darüber, was zu tun ist. Dass wir von den wenigsten Situationen mehr als ein paar Bezugsgrößen kennen, schreckt uns nicht. Wir sind gewohnt, zu spekulieren und den unbekannten Rest an Information nach den Regeln der Wahrscheinlichkeit einzuschätzen.

Bei Diskussionen zu diesem Komplex stellte sich heraus, dass viele der Gesprächsteilnehmerinnen und -teilnehmer der Kombination von Fühlen und Denken aufgeschlossen gegenüberstanden. Versuche, es in der Alltagspraxis zu realisieren, scheiterten in der Regel an dem Umstand, dass sich angesichts einer Krise zwar sofort Gefühle einstellten, aber diese so verworren waren, dass sich daraus keine Klarheit für eine Entscheidung gewinnen ließ. Obendrein rotierten die Gedanken und suchten wie ein Tier in der Falle einen Ausweg. Die wirren Gedanken lösten Gefühle der Angst und Verunsicherung aus, und diese wiederum bewirkten, dass das Denken noch konfuser wurde. Der moderne Mensch hat wenig Zugang zu seinen echten Gefühlen. Was er bei Tag und Nacht mit sich herumträgt, sind sogenannte Pseudogefühle – diese werden vom Denken ausgelöst. Sie grübeln zum Beispiel darüber nach, wie Sie das Geld für die nächste Leasingrate Ihres Autos zusammenkratzen sollen, und diese Gedanken lösen auf der Stelle Gefühle des Unbehagens und der Unsicherheit aus. Diese vom Nachdenken über die Geldbeschaffung hervorgerufenen Begleitgefühle führen zu weiteren Gedanken über Ihre Situation. Das kann so weit gehen, dass Ihre Phantasie sich Bilder von einem autolosen Leben ausmalt. Sie sehen sich als Fußgänger, als Benutzer öffentlicher, übel riechender, überfüllter Verkehrsmittel. Was als Rückkopplung wiederum zu depressiven Gefühlen führt. Das geht eine Weile so weiter, bis Sie sich zusammenreißen und dem Spuk ein Ende machen. Aber damit stehen Sie vor dem immer noch ungelösten Problem, wie der Krise beizukommen ist. Also beginnen Sie von vorn. Vom Vorsatz her diesmal ruhiger, weniger konfus, mit konsequent beim Thema bleibenden Gedanken. Doch gegen die Gefühle, die sich unaufgefordert wieder einmischen, haben Sie kein Rezept. Das Bemühen, aus seinen Gefühlen Klarheit und Mithilfe bei Entscheidungen zu gewinnen, scheitert kläglich.

Von Erfahrung und Wissen, also vom Denken hervorgerufene Gefühle geben keinen Aufschluss über den tatsächlichen Zustand einer Situation. Und unsere intellektuelle Analyse – wenn wir uns erst zur vernünftigen Betrachtung einer Misere durchgerungen haben – hat ihre Schwachstellen wegen des Mangels an umfassender Information. Natürlich gibt es so etwas wie Intuition, das bestreite ich nicht. Aber *sie* tritt komplex auf, als Ganzes, und ich würde sie nicht mit Gefühl verwechseln. Wir dürfen den Impulsen aus der eigenen Tiefe gerne diesen Namen geben – «wau wau» oder «shiri ram» würden es ebenso tun. Weil es sich bei diesen Wörtern bloß um Etiketten für etwas handelt, das wir nicht erklären können. Lassen Sie mich wiederholen: Ich muss ein Problem objektiv auf mich einwirken lassen, es betrachten, wie ich vielleicht einen Blumenstrauß oder einen Maikäfer anschauen würde. Selbst inmitten eines Zustandes von emotionalem Stress gelingt es, sekundenlang abzuschalten und nur zu schauen. Zumal die unerwartete Konfrontation mit einer Herausforderung von sich aus eine Art Stillstand auslöst – den wir als Schrecksekunde kennen. In der Schrecksekunde haben sich die Spontanreaktionen eingestellt, von denen ich oben berichtet habe. Sie werden bei sich auf ähnliche Erlebnisse stoßen, wenn Sie in Ihrer Erinnerung kramen. **Die Intelligenz des Nicht-Handelns braucht diese Momente der Funkstille, damit sie wirksam wird.**

Einen groben Fehler machen die meisten Leute beim Versuch, ihren Gefühlen mehr Gewicht bei der Gewinnung von Erkenntnis zu geben. Sie horchen in sich hinein und warten, ob sich zustimmende oder ablehnende Gefühle zu ihren gedanklichen Projektionen einstellen. Und was sie erleben, ist – nichts! Solange wir auf Antworten aus dem Innern lauern, passiert dort nicht das Geringste. Nicht mal Gedanken geruhen sich einzustellen, wo sie doch sonst so gnadenlos aktiv sind.

(Womit das zusammenhängt, erfahren Sie in einem der folgenden Kapitel.) **Der Fehler ist, dass Sie Ihre Aufmerksamkeit in die falsche Richtung lenken. Sie müssen auf die Szene schauen, die am Kochen ist, nicht nach drinnen. Achten Sie auf den Zustand, der sich draußen Ihren Sinnen darbietet. Damit gestatten Sie ihm, sich in Ihrem Bewusstsein zu spiegeln. Dies ist Ihr einziger, aber sehr «heißer» Draht zum Tao!**

Die Einsicht in ein Problem, wenn sie auf die beschriebene Weise gewonnen wird, beinhaltet die Antwort, was zu tun ist. Wie auf Samtpfoten ist das Wissen um die nächsten konkret zu unternehmenden Schritte in unseren Sinn eingezogen und befruchtet kreativ unseren Verstand. Das Prinzip des Nicht-Handelns verlangt keineswegs, Denken und Wollen zu unterdrücken oder auszuschalten. Das bringt sowieso niemand fertig, dazu sind die Muster in unserem Gehirn viel zu fest in ihren Neuronennetzen verankert. Wenn Willensakte seltener werden und das Denken stiller, dann wird dies nur durch eine Initiative des eigenen Gehirns geschehen, weil es zu begreifen beginnt, dass es da noch eine Alternative zur alten Art des Entscheidens und Handelns gibt. Anstelle ungeschickter Versuche, dem Denken und Wollen beizukommen, schlage ich eine Änderung der Entscheidungshierarchie in unserem Oberstübchen vor. Dort beherrscht bis heute der Intellekt die Szene. Diese Vorherrschaft hat sich über die Jahrtausende selbst organisiert, weil sie als alleiniges Primat von den Gesellschaften gefördert worden ist. In Wahrheit ist diese Übermacht des Verstandes eine eingefleischte, beinahe schon in unsere Gene eingebrannte schlechte Angewohnheit, gegen die aus Unkenntnis anderer Möglichkeiten niemand ernsthaft etwas unternimmt. **Aber diese Gewohnheit lässt sich ändern. Sie können sie nicht ausrotten, aus den oben skizzierten Gründen. Dessen ungeachtet ist sie teilweise ersetzbar. Es wäre sinnlos, unsere alltäglichen Routinen, die ohnehin kaum bewusst ablaufen, korrigieren zu wollen. Wir sollten dort den Hebel ansetzen, wo das Risiko von Fehlentscheidungen groß ist und wo unsere Aktionen im alten Stil anstrengend und stressig sind. Im Beruf zum Beispiel, in unseren fragilen Beziehungen, in brisanten Geldangelegenheiten, in Gesundheitsfragen und anderen existenzwichtigen materiellen wie emotionalen Belangen.**

Es gibt in der alten chinesischen Literatur ein anschauliches Gleichnis für den Unterschied zwischen der orthodoxen Art des Handelns und dem Prinzip des Tao: Es ist die Parabel von der Kiefer und der Weide im tiefen Schnee. Der Ast der Kiefer ist starr und zerbricht unter der Last, während der Ast der Weide dem Gewicht nachgibt und der Schnee abgleitet. Beachten Sie, dass die Weide nicht schlaff ist, sondern federnd. Die Kiefer dokumentiert den Lebensstil, der willkürlich handelt, und die Weide steht für einen Menschen, der dem Tao folgt.

Die Kunst des Geschehenlassens basiert in erster Linie auf der Bereitschaft, dem Lauf der Dinge keinen Widerstand entgegenzusetzen. Der Kiefer im Gleichnis brechen die Äste, weil sie sich gegen die Schneemassen stemmt, während die Weide im Nachgeben gewinnt. Sie bewegt sich mit der Last, und diese rutscht zu Boden, bewirkt von ihrem eigenen Druck. Wie beim Judo wird die Stoßkraft des Gegners im Mitgehen gegen ihn gekehrt. Unser gewöhnliches Verhalten gleicht dem der Kiefer. Wir stemmen uns mit Hilfe unseres Willens gegen die in unser Leben hineinwirkenden Ereignisse und sind oft genug die Verlierer. Wir müssen Niederlagen hinnehmen, die emotionale oder materielle Schäden hinterlassen. Eine Mehrheit der Menschen unserer Gesellschaft scheint Darwins Naturgesetze so zu interpretieren, dass nur der Brutalere, Stärkere überlebt und gewinnt. Wer sich nicht wehrt, geht unter oder wird übervorteilt, er verarmt oder vereinsamt. Angesichts dieser rigiden Einstellung ist die Waffe unseres Verstandes zu stumpf geworden, um gegen die Übermacht einer egozentrischen, verblendeten Umwelt ohne Mitgefühl in Ruhe und Frieden leben zu können.

Doch Darwins Gesetze, richtig verstanden, beinhalten eine andere Formel. Sie besagt, dass diejenigen Organismen überleben und gedeihen, **die am besten mit ihrer Umwelt harmonieren!** In die Praxis umgesetzt, bedeutet das auf keinen Fall Konformität oder Anpassung durch Unterwerfung. Im Geiste des Nicht-Handelns bedeutet Harmonieren das Mitgehen mit den Bewegungen des Lebens. Mitgehen heißt, mit den vorhandenen Tatsachen umgehen, statt wie gewohnt mit Ideen und Vorurteilen *über* Tatsachen. Wie viele Menschen kennen Sie, die mit ihrem Aussehen zufrieden sind? Oder die fähig sind, mit sich auszukommen, wie sie innerlich tatsächlich beschaffen sind, und die nicht andauernd ein Bild von sich erzeugen, wie sie gerne wären? Uns ist eingetrichtert worden, dass wir uns andauernd verändern müssen, und zwar mit Hilfe von gutem Willen, der Bereitschaft zur Anpassung und insbesondere in der Nachahmung von Vorbildern. Auf diese Weise sind wir zu psychischen Klonen der Eltern und der Ideale geworden, denen wir nacheifern. Unter diesen Bildern unserer Soll-Vorstellung über uns versteckt sich der wirkliche Mensch. Er tritt selten an die Oberfläche. Es müssen schon emotionale Extremsituationen eintreten, bis wir uns und die Maske, die wir tragen, vergessen und der echte Mensch für kurze Zeit zum Vorschein kommt. Was wir dann sehen, gefällt uns nicht – und den an einer solchen Konfrontation Beteiligten ebenso wenig. Im Stress überkochender Gefühle offenbart sich unsere Unzulänglichkeit, alle verborgenen Schwächen geraten außer Kontrolle und ans Tageslicht, und wir werden mit einem Wesen konfrontiert, das wir selbst nicht kennen. Weil wir unser wahres Innenleben äußerst ungern nüchtern und ohne Illusion anschauen.

Innen anders zu sein, als wir uns nach außen präsentieren, ist keine Schande. Wir sind kein Einzelfall, unsere Mitmenschen tragen ebenso ihre geschönten Bilder von sich zur Schau. Wie oft nimmt man sich vor, «von nun an wirst du anders». Man will seine Schwächen ablegen, stark sein, mutig, aktiv, dynamisch, selbstsicher. Doch alles, was am Ende bei derartigen Korrekturen herauskommt, ist eine neue Maske, die in Wirklichkeit bloß die kosmetisch aufgebesserte alte ist. Ein kleines Gedicht des Taoisten Han Shan spricht für sich:

Vom WEG zu hören, soll Trübsal und Leid verjagen
Doch diese Worte sprechen nicht die Wahrheit
Erst gestern morgen war aller Kummer verbannt
Da bin ich heut schon wieder tief darin verstrickt
Am Monatsende waren Leid und Trübsal auch erschöpft
Das neue Jahr jedoch bringt immer neue Sorgen
Wen wunderts, steckt doch unter diesem Hut
Der alte Griesgram nach wie vor!

(Han Shan, 150 Gedichte vom Kalten Berg)

Hat ein Mensch erst die Pubertät erreicht und seine Individualisierungsphase abgeschlossen (die normalerweise zwischen 12 und 14 Jahren stattfindet), dann ändert er sich kaum mehr. Die Wesenseigenschaften, die er aus der Kindheit herüberbringt, verdichten und verhärten sich mit zunehmenden Jahren nur noch. Sicher kann ich in jeder Altersstufe konvertieren und meine Überzeugungen wechseln, mir andere Lebensregeln aneignen. Ich kann mich mit anderen Typen von Partnern verbinden, in andere Gesellschaftskreise eintreten, einen neuen Beruf ergreifen, mir neue Hobbys zulegen, einer Sucht verfallen oder mich von ihr kurieren lassen – das alles kann ich tun. Doch alle diese Prozesse sind nicht imstande, mich im tiefsten Innern selbst um eine Winzigkeit zu verändern! Der Wandel hat allein an der Oberfläche stattgefunden. Darunter bin ich mit meinen Ängsten, Unsicherheiten und Sehnsüchten noch immer der Alte.

Eine echte Veränderung ist möglich, aber sie beginnt damit, dass wir aufhören, den tatsächlichen Zustand unseres Wesens zu ignorieren. Wir handeln nach dem Prinzip der Weide, die nachgibt und gewinnt, sobald wir uns endlich mit allen unseren Fehlern und Schwächen anfreunden und in Zukunft, ab sofort, jeden Versuch aufgeben, in Gedanken an uns herumzukorrigieren. Dieses Zurechtbiegenwollen ist in Wahrheit nur eine Flucht vor der Realität. Wer diesen mutigen Schritt tut, fühlt sich anschließend wie nackt, ungeschützt von der gewohnten Illusion über sich. Man fühlt sich verwundbarer – doch das Gegenteil ist der Fall. Was gekränkt wird, ist das Bild, das wir von uns haben, und wenn dieses Bild verschwindet, ist niemand mehr da, der verletzt werden könnte. Im Aufgeben der Meinung über uns, im Fortwerfen der Bildersammlung, tun wir einen ersten großen Schritt in die Freiheit.

Das Prinzip des Nicht-Handelns gilt auch für die inneren Prozesse. Unser Gehirn verfügt über ein Immunsystem, dessen Aufgabe weit über die Gesunderhaltung des Körpers hinausgeht – es schließt den geistig-psychischen Bereich ein und es wirkt unter bestimmten Voraussetzungen heilend auf die Qualität unserer Lebensumstände. Wenn Sie sich dazu durchgerungen haben, so mit sich zu leben, wie Sie tatsächlich sind, heißt das nicht, dass Sie so bleiben müssen. Und mit sich leben, wie man ist, heißt auch nicht «sich annehmen». Sie können sich weder annehmen noch ablehnen – weil Sie eben sind, wie Sie sind. Mit Ihrer Bereitschaft, sich der Realität über sich selbst zu stellen, machen Sie den Weg für einen Wandel frei, der keine Masken und keine Kosmetik nötig hat. Unser spontaner Gehirnfunktionsbereich mit seinem gewaltigen Intelligenzpotential muss aktiv werden. Dafür braucht es unverfälschte Informationen über die vorhandenen Zustände. Was ich bereits bezüglich der **äußeren Zustände** empfohlen habe, nämlich, diese zu beobachten und sie unzensiert ins Bewusstsein eindringen zu lassen, kann analog auf **die inneren** angewandt werden. Wir sind fähig, unseren Charakter hinter der Maske zu betrachten. **Wenn Sie das in der gleichen objektiven Weise tun, wie Sie eine Szene draußen betrachten gelernt haben, öffnen Sie damit die Tür zur Veränderung Ihres Wesens.**

Ich möchte Ihnen eine Übung vorschlagen. Machen Sie es sich zur Gewohnheit, immer dann, wenn Sie alleine sind, auf jede Illusion über sich zu verzichten. Gestatten Sie Ihrem Wesen für eine Weile, es selbst zu sein, ohne Ihr Sonntagsgesicht. Mir ist klar, das kann schnell in eine depressive Stimmung umschlagen. Wer ist schon so beschaffen, wie er sich gerne hätte. Tun Sie es trotzdem und machen Sie sich klar, dass es für den guten Zweck geschieht, eine echte Veränderung anzustoßen. Im glasklaren Erkennen und Eingestehen der eigenen Wesensbeschaffenheit setzen Sie, ohne willentlich etwas zu tun, einen Wandel in Gang. Sie lassen Ihr aufgelaufenes Leben bis hin zu seinen unbewussten Träumen ohne Widerstand auf sich einwirken. Sie liefern sich damit der Heilkraft

Ihres mit dem Tao identischen Grundgefühls als Mensch aus. Die Veränderung kommt nicht spektakulär, kein Lichtblitz wird Sie erleuchten, aber irgendwie fällt Ihnen eines Tages auf, dass in Ihnen etwas anders geworden ist. Sie fühlen sich freier, fröhlicher, ohne die Last, ein anderer Mensch als der, der Sie sind, sein zu müssen. Nicht mehr an Schablonen und Ideen gebunden, wie man zu sein hat. Und wenn Sie dort angelangt sind, haben Sie auch die Stärke, sich nach außen im Umgang mit den Menschen, die Ihnen nahe stehen, samt dem Rest der Welt in Ihrem neu gewonnenen Selbstgefühl zu präsentieren.

Ein Mensch, der seine emotionalen und psychischen Probleme löst, wird den materiellen auf die gleiche Weise mit leichter Hand gewachsen sein. Schreiben Sie es sich ins Poesiealbum oder Tagebuch: **Aufmerksamkeit, die nichts ausklammert, nichts korrigiert, nichts beschönigt, ist der Schlüssel zu allem Wandel.**

Die Vorherrschaft des Intellektes müssen wir in den Plan einbeziehen, unser Leben zu ändern und künftig mehr und mehr unsere neu entdeckten Gaben einzusetzen. Der ausschließliche Gebrauch des Verstandes ist, wie bereits erwähnt, unter anderem eine schlechte Angewohnheit. Es braucht für den Schritt zum Nicht-Handeln die Einsicht, dass wir von unserem Wissen über die Dinge behindert werden. Ich will nicht behaupten, dass dieses Wissen schädlich oder nutzlos wäre. Ohne Fahrpraxis kann ich kein Auto lenken, und ein Chirurg braucht ungeheure Erfahrung und Spezialkenntnisse, wenn er eine Herzoperation durchführt. Von beruflichem Fachwissen ist auch nicht die Rede. Der Entfaltung spontanen Handelns stehen unsere automatischen Reflexe entgegen, die jedes Ding, das uns vor Augen kommt, mit anderen Dingen vergleichen, die wir kennen. Wir suchen Namen dafür und überlegen, ob wir etwas damit anfangen können. Wir tun uns schwer, uns an einem seltenen Schmetterling zu erfreuen, wenn wir seinen Namen nicht wissen. Statt den unerwarteten Anblick zu genießen, verdrießt es uns, dass wir kein Etikett dafür finden. Wenn ich in einem Bildband blättere, lese ich zuerst die Bildunterschriften, ehe ich mich dem abgebildeten Motiv zuwende. Und wehe, wenn eine Doppelseite ohne erklärenden Text folgt. Ich bin verärgert, weil jemand zu erklären vergessen hat, was die Abbildung zeigt. Das reflexartige Vergleichen ist das Hauptübel. Es hindert uns mehr als alle anderen unserer Untugenden am unmittelbaren Wahrnehmen. Falls Sie sich mit Zeichnen befassen, fällt Ihnen der menschliche Hang zum Vergleichen besonders auf: Sie wollen einen Stuhl porträtieren, und jedes Mal, wenn Sie Ihr Werk begutachten, merken Sie, dass die Perspektive nicht stimmt. Der Stuhl sieht aus, als ob ihn Picasso skizziert hätte. Sie haben nämlich gezeichnet, was Sie über den Stuhl wissen – dass die Sitzfläche quadratisch ist und alle vier Beine gleich lang. Sie haben gezeichnet, was Sie wissen, statt aufs Papier zu bringen, **was Sie sehen**. Hätten Sie anstelle Ihres Wissens über die Konstruktion des Stuhles Ihren visuellen Eindruck wiedergegeben, wäre sichtbar geworden, dass von Ihrem Standort aus eben nicht alle vier Beine gleich lang sind und die Sitzfläche nach hinten verkürzt erscheint. Analog verfahren wir mit allen Erscheinungen, die sich unseren Sinnen anbieten. Wir nehmen nicht ihren tatsächlichen Zustand wahr – wir nehmen wahr, **was wir darüber wissen!**

Die nächste Regel, an der Sie sich üben dürfen, lautet also: Achten Sie künftig darauf, wie Sie auf die Außenwelt blicken. Sie werden rasch merken, wie Sie pausenlos Vergleiche anstellen. Daran erkennen Sie Ihre Unfähigkeit zur unmittelbaren Betrachtung einer Sache. Versuchen Sie dann bitte nicht, dem Übel wie üblich mit forcierter Bemühung beizukommen. Das vergrößert nur Ihren Frust. Tun Sie gar nichts – verstehen Sie nur, wie es um Ihr Wahrnehmungsvermögen bestellt ist. Die Hilfen, die das Tao mit seinen Prinzipien anbietet, laufen ausnahmslos über die Schiene der Erkenntnis *und* des Sich-Enthaltens jeder Aktion, den Fehler mittels der bekannten Methoden in den Griff zu bekommen. Die Einsicht, dass Sie gegen die Motorik Ihres Vergleichsapparates im Grunde nichts tun können, ist es, die schließlich das Erfolgserlebnis beschert. Wir begegnen wieder dem Verhalten der Weide: Im Nachgeben wird sie die Last los, nicht im Dagegenstemmen. Das Prinzip des Tao basiert auf Mitgehen. Sie erkennen, dass Sie vergleichen, immerzu. Und Sie stellen fest, dass Sie zwar lieber die Dinge unmittelbar sehen und erleben würden, dass dies aber nicht klappen will. Ergo wird Ihnen klar: Sie können außer sich dauernd anstrengen nichts tun. **Es ist diese Erkenntnis, die realistische Einsicht in den zwanghaften Mechanismus des ewigen Vergleichens, die letztlich die Besserung bringt.** Wenn Ihnen bewusst wird, dass Sie nichts tun können, unterlassen Sie es. Und sind vielleicht traurig deswegen. Doch so finden Sie zur Erkenntnis der Unzulänglichkeiten Ihres Wahrnehmungsapparates. Begreifen Sie, Sie können nichts dagegen unternehmen. Leben Sie mit dieser Tatsache und warten Sie ab. Irgendwann in der folgenden Zeit fällt Ihnen auf, dass Sie die Vorgänge Ihres Alltags deutlich bewusster und direkter mitbekommen.

Dieses wertfreie Schauen erweckt anfangs den Eindruck einer gewissen Gleichgültigkeit den Dingen gegenüber. Das wirkt so, weil Sie nicht mehr auf der Stelle zustimmen oder ablehnen müssen. Es stellt sich mit diesem Gewahrsein eher ein großes Mitgefühl ein – unmittelbares Erleben hat sogar einen Hauch von Erotik.

Als Krishnamurti an der Universität von San Juan, Puerto Rico, vor Studenten einen Vortrag hielt, kam während der Diskussion die Rede aufs Vergleichen. Am gegenüberliegenden Hang befanden sich Slumbaracken. In einer seiner Antworten nahm Krishnamurti Bezug darauf, und ich gebe auszugsweise wieder, was daran für unser Thema relevant ist.

«… diese armen Menschen in den Hütten dort (wie halten sie es nur mit diesen Hütten aus!), dieser arme Kerl in seiner Hütte, er ist ein Niemand, weil er keine Bildung hat, er ist dies und er ist jenes. Aber auch er will jemand werden, weil er sieht, dass das Haus des Nachbarn größer ist. … Wenn der Mann, der in der schmutzigen Hütte wohnt, sagt: ‹Alles Vergleichen hat aufgehört›, ist er draußen aus der Hütte.» (Krishnamurti: Gespräche über das Sein)

Wenn der Mann, von dem Krishnamurti redet, nicht mehr vergleicht, handelt er intelligenter. Nach menschlichem Ermessen hat er null Chancen, jemals sein Elendsquartier zu verlassen. Es gibt keine Basis, kein Sprungbrett, von dem aus er Talente entfalten könnte, die er offensichtlich nicht besitzt. Nach den Gesetzen von Ursache und Wirkung wird er dort, wo er sein armseliges Leben fristet, eines Tages auch sterben. Kein Mensch ist da, der ihm heraushilft. Woher nimmt Krishnamurti die Zuversicht zu seiner kategorischen Behauptung, dem Ende des Vergleichens würde das Ende seines Zwangsaufenthaltes in den Slums folgen? Unser Verstand sieht nirgendwo einen Ausweg. Aller Logik zufolge hat dieser Mensch kein Mittel, um aus der Misere herauszukommen. Aber der Mann besitzt etwas anderes, etwas, das jeder Mensch, ohne es zu wissen, in sich trägt: seine Identität mit dem schöpferischen Geist. Machen Sie nun bitte nicht den Fehler, diesen schöpferischen Geist mit unserem Gottesbild zu verwechseln. Der geistige Urgrund des Universums ist wohl ebenso allmächtig, wie wir es Gott unterstellen, aber das Tao übt seine Allmacht niemals so aus, wie Klein Erna sich das Walten des lieben Gottes vorstellt. Der geistige Grund der Dinge hat sich in Leben verwandelt, dem im Rahmen der vorhandenen Ordnung alles möglich ist. Die Regeln, nach denen wir handeln, orientieren sich an den Gesetzen von Ursache und Wirkung: Weil der Mann in der Hütte nie Bildung genossen hat, nichts weiß, nichts kann, muss er im Elend weitervegetieren. Jenseits des Hanges, an dem seine Blechhütte klebt, sieht er den Glanz des Wohlstandes, so unerreichbar für ihn, als ob die Villen, Bürgerhäuser und Banken auf dem Mond stünden. Der Mann vergleicht sich mit den Leuten, die in jener anderen Welt leben, weil sie andere Eltern hatten, einen Beruf erlernen konnten und Geld verdienen. Er sieht dies alles im Verhältnis zu seiner eigenen Position – und verzweifelt. Was Krishnamurti in San Juan sagen wollte und was ich jetzt hier sage, ist dies: Ein Mensch mag in einer Existenz dahinvegetieren, die ohne Hoffnung ist, in der es keinen Ansatz für Besserung gibt. **Wenn dieser Mensch in der Weise, die ich mehrfach beschrieben habe, auf sein Schicksal schaut, setzt er die Kausalgesetze außer Kraft.** Weil er seine Lage **jetzt** und weil er sie **absolut** sieht. Durch dieses unmittelbare Schauen, das ein nonverbaler Hilferuf ist, dringt die Botschaft auf dem Wege seines eigenen Bewusstseins zum Tao durch. Und diese Botschaft kann nie ungehört bleiben, weil der Mann es zugleich selber ist, der sie in der geistigen Tiefe empfängt. So unglaublich, so unmittelbar und so einfach ist das!

Was folgt, sind Türen, die aufgehen, Chancen, die sich bieten, Veränderungen, die von der Umwelt her harmonisierend, heilend, bessernd, direkt in die triste Existenz des Mannes hineinwirken, der nicht mehr vergleicht. Dem Sicheröffnen der Chancen muss seitens des Beobachters produktives Tätigsein folgen. Die Lethargie des Verzweifelten muss auf der Stelle verschwinden und Spontaneität an ihre Stelle treten. Wer je in einer hoffnungslosen Lage länger ausharren musste, weiß, welches Gefühl von Befreiung sich einstellt, wenn am Horizont der Silberstreif des jungen Morgens auftaucht.

Spontaneität darf ich mir wünschen, aber beschließen kann ich sie nicht, weil bereits der Entschluss, spontan zu sein, die Sache kippt. Ich falle auf der Stelle ins gewohnte Muster der Willensausübung zurück, ehe mir der erste Schritt in die andere Richtung gelingt. Wir haben während meiner Seminare oft und viel darüber diskutiert, wo denn der Eingang zur Spontaneität überhaupt zu finden ist. Wer sich kurzerhand mutig einen Ruck gibt und seinen impulsiven Eingebungen folgt, sorgt sich, ob er nicht Opfer einer Schnapsidee ist und irgendeine Torheit anstellt. Andererseits tappen wir bei rationalen Beschlüssen ebenso oft im Dunkeln, weil zu viele unbekannte Faktoren hineinspielen. Solange wir die Lösung des Problems, wie man spontan wird, mit den Mitteln der Logik zu verwirklichen suchen, sind wir immer auf dem Holzweg. Der Mensch wünscht sich so sehr ein Rezept für die Reduzierung der Fehlerquote bei seinen Entscheidungen.

Kluge Bücher predigen ihm von der Weisheit des Handelns – aber bitte, wer ist schon weise? Unsere intellektuelle Struktur samt der Psyche, die sie hervorbringt, steckt voller Fehlerquellen. Machen Sie sich bitte klar: Es hilft bereits, wenn wir uns die Ungereimtheit, dass wir gerne spontan wären, es aber nicht fertig bringen, bewusst machen. Unser Denkapparat maßt sich die Autorität an und bestimmt, was ein Problem ist und was nicht. Zuerst analysiert unser Verstand eine Situation und erklärt sie zum Problem. Anschließend grübelt er darüber nach, wie es zu lösen ist. Auf die gleiche Weise verfahren wir mit unserem Wunsch nach Spontaneität und dem Gespür für richtige Entscheidungen. Das klingt alles kompliziert, wenn Sie es lesen – und es ist in der Tat ein wenig kompliziert. Nicht seiner Natur nach, *wir machen es erst kompliziert durch die Art und Weise, wie wir nach Lösungen suchen.*

Die Sache lässt sich in einigen knappen Kernsätzen zusammenfassen: Unser Gehirn ist gewohnt, Probleme zu erzeugen und sie zu lösen. **Spontaneität und die Gabe des rechten Handelns sind kein Problem – wir machen erst ein Problem daraus, weil wir eine Lösung suchen, wo keine gebraucht wird.** Wer eine Situation betrachtet, die Handlung verlangt, spürt den Impuls, etwas zu tun ist. Aber statt in Aktion zu treten, überlegen wir, ob es richtig wäre, zu machen, was uns eingefallen ist. Daraus entsteht die oben erwähnte Unsicherheit, ob es ein dummer, gefährlicher Einfall oder eine kreative Eingebung ist. Dabei ist die Sache bei einiger Sensibilität klar einsehbar: Sobald Sie entschlossen sind, einem spontanen Impuls zu folgen, stellt sich ein Gefühl von Richtigkeit ein, es ist wie ein leises Glücksgefühl. Wenn Sie das spüren, dann treten Sie in Aktion, ohne Bedenken, ohne Hemmungen. Auch der dumme Einfall, die Schnapsidee, die falsche Entscheidung löst ein Gefühl aus: eine leise Wehmut, als ob Sie etwas Wertvolles zu verlieren im Begriff wären. Die einer richtigen oder falschen Entscheidung folgenden Gefühle sind klar deutbar. Entweder begleitet einen spontanen Beschluss ein Gefühl von Richtigkeit oder es stellt sich dieses Verlustgefühl ein. Testen Sie es.

Falls Sie es ausprobieren – und ich bitte Sie sehr darum –, werden Sie noch etwas bemerken: Selbst wenn Sie nach einem spontanen Entschluss dieses Gefühl von Richtigkeit erleben, kann Ihnen passieren, dass sich beim späteren (unvermeidbaren) Nachdenken über Ihre Entscheidung und deren Folgen ein gewisses Unbehagen einstellt. Das hängt mit der Unsicherheit zusammen, die sonst mit Entscheidungen verbunden ist, die vom Denken aus dem Potential der Erfahrung getroffen werden. Unser Denken kann nicht anders, als sich grübelnd und alle möglichen Folgen einer Tat auslotend im Nachhinein mit einer Entscheidung auseinander zu setzen. Das intellektuelle Unbehagen bleibt nur dann aus, wenn zufällig der bei der geistigen Nachkalkulation ermittelte Beschluss mit Ihrer kreativen Entscheidung übereinstimmt. Lassen Sie sich zum Kapitelschluss eine Geschichte erzählen, die das Dilemma des Nachgrübelns und dessen Sinnlosigkeit verdeutlicht.

Rolf ist Diplombiologe und hat, als diese Geschichte spielte, auf Zeit als freier Mitarbeiter bei einer Public-Relations-Agentur gearbeitet, weil er nach dem Studium in seinem Beruf keine Stellung gefunden hat. Er fuhr damals einen fünf Jahre alten Kleinwagen, den er hauptsächlich im Kurzstreckenverkehr brauchte, Langstrecken fuhr er selten. Es hatte am Auto ein paar geringfügige Reparaturen gegeben, die Reifen waren gut und der Motor mit seinen 80 000 kerngesund, und bis zum nächsten TÜV waren es noch 12 Monate.

Der letzte Urlaub mit dem Kleinen – 4000 km über Land und Grenzen – war der reinste Stress gewesen. Schon während der Reise hatte sich jedes Mal, wenn ein starker Wagen ihn und seine mitfahrende Freundin überholte, der Wunsch gemeldet: «Mensch, so einen hättest du auch mal gerne.»

Und dann, zurück aus den Ferien, eines freien Nachmittags, standen sie sich gegenüber: Rolf und **das** Auto. Es stand gleich vorn in der Reihe unter den Gebrauchtwagen der Sonderschau eines Markenhändlers. *Sonderpreise! Sonderpreise!*, schrie es von weiß-goldenen Transparenten. *60 Monate Finanzierung, Werkstattgarantie, effektiver Jahreszins nur 3,5 Prozent.* Rolf schlich um den Wagen herum wie die Katze um den heißen Brei. Ein Verkäufer bemerkte sein Interesse und sprach ihn an: «Na, junger Mann, das wäre doch was für Sie. Zwanzig schlappe Tausender und er gehört Ihnen.» Der Verkäufer öffnete die Wagentür, Rolf musste einsteigen und Probe sitzen. Während der Verkäufer ohne Atemholen auf ihn einredete, versuchte Rolf ein Gefühl für das Interieur zu finden. «Kommen Sie, wir machen eine Probefahrt», schlug der Verkäufer vor. Rolf war einverstanden. «Die Karre ist eine Wucht», denkt er während der Fahrt, «erst 25 000 drauf, riecht innen noch wie neu, und der Platz und die Straßenlage – schade, dass du dir den nicht leisten kannst.» Seine Gedanken lösten ein Gefühl von Frust und Enttäuschung aus. «Was würden Sie mir für meinen alten geben?», fragte er plötzlich spontan den Verkäufer. Rolf konnte sich später nicht mehr erklären, was ihn dazu getrieben hatte. «Wollen mal sehen», sagte der, «geben Sie mir den Schlüssel, ich fahr ihn schnell über die Grube und schau ihn mir an.»

Eine Stunde später hatte Rolf einen Kaufvertrag unterschrieben. Weil man ihm für den Kleinen 5000 geboten hatte (so viel kriegst du nie wieder) und der Verkäufer ihm eine Monatsrate von weniger als 300 Mark ausgerechnet hatte. Gewundert hatte Rolf, dass man sich im Verkaufsbüro des Händlers bezüglich seiner Einkünfte mit seiner Selbstauskunft zufrieden gab. Und nachdenklich gestimmt hatte ihn hinterher die Antwort auf seine Frage, wieso denn ein beinahe neuer Wagen um den halben Preis zu haben sei. «Nun», hatte der Verkäufer geantwortet, «den hatten wir als Neufahrzeug an einen Geschäftsmann verleast, und der hat Pleite gemacht und konnte nicht mehr zahlen. Die Leasinggesellschaft hat ihn zurückgeholt und uns auf den Hof gestellt. Den vom Vorbesitzer gezahlten Raten und dessen Anzahlung verdanken Sie Ihren Sonderpreis.»

Auf dem Nachhauseweg, den er natürlich noch in seinem Kleinwagen zurücklegte, machte Rolfs Verstand seine Nachkalkulation:

In dem neuen Wagen hatte ich gar nicht das Gefühl, auf der Straße zu sitzen – der alte hätt's ja auch noch ein paar Jährchen getan – hab vergessen zu fragen, was der neue Benzin frisst – wird mehr kosten, der Urlaub nächstes Jahr – falls ich bis dahin noch die Raten zusammenbringe – ob der Wagen einen Unfall gehabt hat? – hätte mich vergewissern müssen – eigentlich tut's mir Leid um den Kleinen – wer den wohl kauft? – hab ihn vielleicht doch zu billig hergegeben, hätte noch ein bisschen handeln sollen und nicht gleich zustimmen – mein Gott, fünf Jahre blechen dafür – was macht das im Jahr? – und Steuer und die Versicherung – trotz meiner 60 % Schadensfreiheit – mein Job läuft noch ein Dreivierteljahr – bis dahin müsste ich was Gescheites gefunden haben –

billig ist der Neue ja, hätte gut dreißigtausend kosten können – ob da sonst noch was nicht stimmt? – am 15. muss ich zweihundertachtzig berappen – und vorher die Zulassung, die Steuer – die restliche Prämie für den Kleinen müssten sie mir eigentlich auf den Großen gutschreiben – was wohl Claudia dazu sagt? – wie erklär ich ihr die Geschichte? – ach was, ich erzähl einfach, wie mich plötzlich dieser Entschluss gepackt hat – kann ich mir den wirklich leisten? – Claudia wird nein sagen – könnte zum Bruch kommen, wenn's Krach gibt – Herrgott, hätt ich doch die Finger davon gelassen – ob der sich für zwanzigtausend schnell wieder verkaufen lässt? – Und so wirbelten Rolfs Gedanken weiter, bis er zu Hause anlangte.

Seinen Gedanken nach zu urteilen, scheint es, als hätte Rolf Mist gebaut. Und jetzt rotiert er. War das eine spontane Tat? Oder hat Rolf gegen sein inneres Wissen gehandelt? Während der Probefahrt ist ja dieses Gefühl von Frust, Enttäuschung und Entsagung angeklungen. Doch dieses Gefühl ist – wohlgemerkt – nicht identisch mit jenem Gefühl von Richtigkeit oder leiser Trauer, das ich oben erwähnt habe. Rolfs Gefühle im Auto waren Pseudogefühle, denn sie wurden deutlich von seinen Gedanken ausgelöst: Schade, dass du dir den nicht leisten kannst. Sehen wir uns an, wie die Geschichte weiterging.

Als Rolf in der gemeinsamen Wohnung eintraf, war Claudia schon da. Ersparen wir uns den Bericht von Rolfs Manövern, seiner Gefährtin schonend seinen Spontankauf beizubringen. Claudia reagierte anders als erwartet: «Na, Gott sei Dank, dass du das gemacht hast. Mir war nie wohl, wenn du mit der kleinen Kiste unterwegs warst, und unsere Urlaubsreise vergess ich so schnell nicht.» Rolfs Bedenken wegen der Kosten und Raten wischte sie beiseite: «Das kriegen wir schon irgendwie gemeinsam hin», meinte sie. Als Rolf ihr seine Informationslücken bezüglich des

Kaufobjektes beichtete, griff die resolute Claudia zum Telefon, rief das Autohaus an, verlangte den Verkäufer zu sprechen, und als sie ihn am Apparat hatte, ließ sie sich von Rolf die ungeklärten Fragen soufflieren. «Es ist ein Turbo-Diesel, niedrig im Verbrauch, aber teuer in der Steuer, kein Unfallwagen, garantiert.» Der Wagen war dem Vorbesitzer bereits mit Nachlass verkauft worden, weil es ein Auslaufmodell war – so weit also beruhigende Auskünfte. Als Claudia aus eigener Initiative noch nach dem Namen des Pleite gegangenen Vorbesitzers fragte («den find ich eh raus, wenn Sie's mir nicht sagen!»), folgte der böse Schock: Es handelte sich verrückterweise um einen Menschen, den Rolf gut und Claudia vom Hörensagen kannte – Rolfs Arbeitgeber!

Früh am anderen Morgen verlangte Rolf eine Unterredung mit dem Chef und Alleininhaber der Agentur. Der gab sofort zu, dass er schon eine Weile bankrott ist – er würde sowieso in wenigen Tagen für ein paar Monate in die USA gehen und dort für irgendeinen Mäzen arbeiten. Sobald er zurück sei, könne er seine Schulden zahlen usw. Und was mit seinem Lohn wäre, fragte Rolf. Tja, leider, leider sei dafür bereits diesen Monat kein Geld mehr da.

In Rolfs Kopf wirbelten die Gedanken nur so durcheinander. Dennoch formte sich im Hintergrund seines Bewusstseins ein Konzept. Er konnte es noch nicht formulieren, er war immer noch wie betäubt. Und in diesem Zustand, wie ferngelenkt, setzte er sich ins Auto und fuhr der Reihe nach die Klienten seines Arbeitgebers ab, für die er die letzten Monate gearbeitet hatte. Er berichtete ehrlich die Situation, erklärte den Ausfall seines Chefs infolge von dessen Flucht in die Staaten und fragte, ob er nicht die Lücke füllen und für sie direkt weiterarbeiten könne. Und siehe da, einige der Firmen waren einverstanden. Rolf war plötzlich selbständig. Von einem Tag zum anderen vervielfachte sich sein Einkommenspotential!

Auf den ersten Blick berichtet die Geschichte von Rolfs Autokauf von einer Reihe unabhängig voneinander abgelaufener Episoden, die erst durch seinen spontanen, anscheinend unüberlegten Beschluss zueinander in Beziehung getreten sind: die gemeinsame Urlaubsreise, die Begegnung mit dem Wagen seiner Träume, die Probefahrt, der Vertragsabschluss, Claudias Reaktion, Rolfs Unterredung mit dem Chef, seine Rundreise bei den Klienten und der letztliche wirtschaftliche Erfolg, der sich aus dieser in sich gar nicht logischen Abfolge von Aktionen ergeben hat. Die Initialzündung zu dem Abenteuer war recht unauffällig: Rolfs Verdruss über die lahme Ente und deren Mangel an Sicherheit und Komfort. Der Wunsch nach einem besseren Fahrzeug trat spontan auf, ohne Berechnung aus einem Gefühl der Aussichtslosigkeit eines Wandels heraus. Er hat diesen Wunsch später vergessen – im gewohnten Stadtverkehr war ihm sein Kleinwagen gut genug. Was meine Geschichte nicht erzählt hat, war die von Rolf wie von Claudia unregistrierte Melancholie während der Ferien. Das kleine Auto war im Grunde nur die Spitze des Eisberges, darunter begleiteten die beiden die ganzen Ferien hindurch das für zwei Wochen verdrängte Wissen um die vage Einkommenssituation. Es musste selbst beim Essengehen aufs Geld geschaut werden. Und die Heimkehr am Urlaubsende bedeutete zugleich die Rückkehr in eine Lebenssituation, die recht instabil war.

Wir schneiden unsere Alltagserfahrungen in Scheibchen, gliedern sie in Episoden auf und schieben das Wörtchen «weil» dazwischen: *Weil* Rolf wenig verdiente, musste er sich mit dem Kleinwagen begnügen; *weil* die Reise so strapaziös war, sah Rolf sich die Gebrauchtwagen an; *weil* ihm der größere Wagen so gut gefiel und *weil* der Verkäufer ihm so ein günstiges Angebot machte (das nur möglich war, weil sein Chef pleite war), *weil* Claudia nachforschte, *weil* Rolf mit dem Boss Tacheles redete, *weil* er spontan die Klienten abklapperte, … *weil, weil, weil.* Wir konstruieren Kausalketten und wandeln eine spontane, intelligente

Tat, die sich nach hinten in die Ferien ausdehnte und nach vorn Rolfs Selbständigkeit realisierte, in Salamiaufschnitt um. Von Alan Watts stammt das folgende Gleichnis, das unsere Gewohnheit des Zergliederns auf lustige Art entlarven will. Stellen Sie sich eine nur einen Spaltweit geöffnete Tür vor, an der langsam ein Dackel vorbeizottelt. Sie sehen zuerst die spitze Schnauze, dann die Schlappohren, denen der Rücken samt zwei Beinpaaren folgt. Am Ende erscheint der Schwanz. Gemäß der Art, wie wir eine Folge von Ereignissen ausdeuten, müssten wir hier behaupten, der Dackelkopf sei die Ursache für den nachfolgenden Schwanz. Tatsächlich ist der Dackel ein Ganzes, auch wenn der Beobachter den Vorgang nicht am Stück wahrnimmt. Analog gehören Rolfs Urlaub und seine schließliche Selbständigkeit zusammen. Mit dem gleichen Recht, wie ich sagen kann, am Türspalt ist ein Dackel vorbeidefiliert, kann ich Rolfs Abenteuer so ausdrücken: Rolf fuhr mit seiner alten Kiste in die Ferien, und jetzt ist er selbständiger PR-Berater.

Das Prinzip des Nicht-Handelns ist auf unsere intellektuellen Zergliederungen der Lebensprozesse nicht angewiesen. Desgleichen nimmt es auf vorhandene Zustände keine Rücksicht, wenn es den Impuls zur richtigen Tat aussendet. Zukunft ist eine Projektion unseres Verstandes, sie hat noch nicht stattgefunden – und wenn sie stattfindet, ist sie *Jetzt*! In unsere Gegenwart sind ganzheitlich alle Ereignisse eingefaltet, die sich aus der vorhandenen Existenzqualität heraus entweder realisieren oder nicht realisieren werden. Stellen Sie sich einen Stapel Spielkarten vor, die mit Texten beschriftet sind, die von noch nicht stattgefundenen Ereignissen handeln. Diese Karten liegen unsortiert in einem Haufen übereinander. Weiter oben befinden sich einige, wo es wahrscheinlicher ist, dass das darauf beschriebene Ereignis eintritt, andere, in der Stapelmitte, beinhalten Ereignisse, die eventuell ebenfalls geschehen könnten, aber mit geringerer Wahrscheinlichkeit, und ganz unten liegen jene, die von Vorgängen sprechen, die kaum jemals Wirklichkeit werden. Dieser Kartenstapel steht gleichnishaft für das, was wir Zukunft nennen. Die Karte, auf der stand, dass Rolf sich ein neues Auto kauft, lag bestimmt nicht obendrauf. Und die für seine berufliche Karriere dürfte ziemlich weit unten in der Rangordnung der Wahrscheinlichkeiten rangiert haben. **Durch seine impulsive, spontane Tat hat Rolf den Kartenstapel aufgemischt, er hat von den in der Gegenwart latent schlummernden Ereignissen jene an die Oberfläche gebracht, die ihm Glück und Erfolg beschert haben.**

4. KAPITEL

Wer oder was lebt uns?

Von wem werden wir gelebt? Von uns selbst? Von den Bedingungen unserer privaten Lebenssituation? Von anderen? Vom Beruf? Vom Geschäft? Von den Gesetzen? Von den Regeln der Religion, an die wir glauben? Von unseren ethischen Grundsätzen? (Woher haben wir die?) Von unseren Überzeugungen? Unserer Erfahrung? Oder werden wir von unserem Wissen gelebt? Oder werden wir von jedem dieser Einflüsse ein bisschen gelebt? Hier taucht die berühmte Frage nach dem freien Willen des Menschen auf. Wir können denken, wir können schlussfolgern, Beschlüsse fassen und sie in die Tat umsetzen. Außer den Gedanken selbst, die ihr Eigenleben führen, ohne dass wir allzu großen Einfluss darauf hätten, scheint es doch, als ob wir jederzeit jede beliebige Entscheidung treffen und sie gegebenenfalls in Handlung umsetzen könnten – vorausgesetzt, die Umstände und die von unseren Beschlüssen tangierten Mitmenschen spielen bei unseren Plänen mit. Außer Zweifel steht die Tatsache, dass wir entscheiden können. Wir wählen einen Beruf aus, suchen uns den Lebenspartner, bestimmen, wohin wir in Urlaub fahren und was wir in unserer Freizeit anstellen. Theoretisch steht unserem Willen die Welt offen, wir brauchen nur zuzugreifen. Ist das wirklich so? Oft bestimmen bereits die Eltern, welchen Beruf die Tochter, der Sohn lernen muss, weil die Nachfolge im Familienbetrieb zu sichern, der Bauernhof, der Tabakladen, die Fabrik zu übernehmen ist. So werden bereits in der Kindheit die Weichen für die Zukunft gestellt. Gut, viele junge Menschen verweigern sich dem Zwang der Tradition – wir wohnen hier in Italien in einer Gegend, wo die Bauernhöfe veröden, weil niemand mehr (trotz moderner Landmaschinen) die schwere Arbeit machen will. Das nächste Kriterium bei der so genannten Berufswahl ist das Angebot an Lehrstellen oder Studienplätzen. Und nach der Ausbildung das Vorhandensein offener Stellen, was heutzutage leider nicht mehr selbstverständlich ist. Oder jemand hat sich zum verkehrten Beruf überreden lassen (oder hatte sich Illusionen darüber gemacht) – ich wollte als Junge Bildhauer werden, bis es mir meine Eltern ausgeredet haben und mir Schreckensvisionen von einem Dasein ausmalten, in dem ich am Rande eines Friedhofes Grabdenkmäler meißelte. Oder unsere Partnerwahl. Da begegnet man einem Mann, einer Frau, zu denen man gerne in nähere Beziehung treten würde. Der «freie» Wille beschließt, aktiv zu werden, aber der, die andere will nichts von einem wissen, weil man nicht dem Wunschbild entspricht oder weil das Objekt der Wahl in einer anderen Beziehung engagiert ist. Gewiss können wir bestimmen und realisieren, welcher ideologischen Richtung wir uns anschließen, welcher Religion, Partei oder welchem Fußballverein. Was wir letztlich tun, hängt allerdings stark von unseren aus der Kindheit mitgebrachten Überzeugungen und Vorurteilen ab. Unsere frühen, unbewussten Prägungen spielen eine nicht unbedeutende Rolle dabei. Im Seminar stelle ich den Teilnehmern manchmal die Frage: «Wie sicher sind Sie sich, dass Sie zum Zeitpunkt, als Sie sich entschlossen haben, an diesem Seminar teilzunehmen, auch eine andere Entscheidung hätten treffen können?» Ich erkläre ergänzend, dass meine Frage sich ebenso gut auf jede andere Entscheidung bezieht, die jemand in der Vergangenheit getroffen hat, meine Wahl ist nur darum auf die Seminarteilnahme gefallen, weil sie der einzige mir bekannte gemeinsame Nenner bei allen Beteiligten ist. Die Antworten bewegen sich fast immer zwischen klaren «Ja, ich bin mir sicher, dass ich in jenem Moment beliebig andere Beschlüsse hätte fassen können» über graduelle Unsicherheiten «Ich weiß nicht genau» bis hin zur kategorischen Aussage «Ich bin sicher, dass ich keine andere Entscheidung hätte treffen können». Befragt, was ihnen die Sicherheit für die eine wie die andere Feststellung gibt, wurden die Erklärungen deutlich diffuser. Die Frage ist auch nicht unbedingt fair, wenn sie unvorbereitet gestellt wird. Die einen glauben, im Leben sei dem Menschen sein Schicksal vorbestimmt, andere schwanken zwischen Zweifel an wirklicher Willensfreiheit und einem teilweise determinierten Leben hin und her, je nachdem, aus welcher Situation heraus die Frage an sie gerichtet wird.

In der taoistischen Philosophie kommt nicht nur Wu wei vor, das Prinzip des Geschehenlassens, es gibt auch dessen Gegenstück: Wu nien – das willentliche Erzwingenwollen, womit unsere gewöhnliche Art der Willensausübung gemeint ist. Ich persönlich bin der Auffassung, dass bei der Gretchenfrage: freier Wille oder kein freier Wille, die falsche Frage gestellt wird. Weil der Mensch davon überzeugt ist, dass er ein von seiner Umwelt getrenntes Individuum ist. Und als Beleg dafür weist man auf die Tatsache hin, dass jeder Mensch schließlich ein Ich ist beziehungsweise eines hat. Die Schlussfolgerung daraus ist zwingend: Weil ich ein Ich bin, ein Individuum, muss ich logischerweise einen Willen haben und dieser Wille ist jedenfalls so frei, wie ich es unter meinen Lebensumständen bin. Ich will nicht bestreiten, dass zumindest die letztere Feststellung zutrifft, nämlich, dass der Mensch innerhalb seiner sozialen Nische genügend Spielraum zur Entfaltung seines Strebens und Wollens hat.

An der Frage nach dem freien Willen ist etwas anderes falsch: Sie wird, wie gesagt, unter der Prämisse gestellt, dass **ich** diesen Willen ausübe. Was voraussetzt, dass dieses Ich real ist und fähig, ins Leben des Individuums einzugreifen. Gestatten Sie mir, nochmals Sigmund Freud zu zitieren:

«Dies Ichgefühl des Erwachsenen kann nicht von Anfang an so gewesen sein. Es muss eine Entwicklung durchgemacht haben, die sich begreiflicherweise nicht nachweisen, aber mit ziemlicher Wahrscheinlichkeit konstruieren lässt. **Der Säugling sondert noch nicht sein Ich von einer Außenwelt als Quelle der auf ihn einströmenden Empfindungen. Er lernt es allmählich auf verschiedene Anregungen hin.»**

(S. Freud, «Das Unbehagen in der Kultur»)

Weitere interessante Beobachtungen konnten Hirnforscher bei Versuchen am geöffneten Schädel machen (bei Operationen am Gehirn muss die Schädeldecke geöffnet werden und die Neurophysiologen haben so, mit dem Einverständnis ihrer Patienten, die Möglichkeit, kleinere Experimente durchzuführen). Den Patienten wurden Anweisungen erteilt und die Chirurgen haben die mit der Ausführung befassten Hirnbereiche auf den zeitlichen Ablauf ihrer Reaktionen hin untersucht. Es erwies sich in allen Fällen, dass zum Beispiel die Bitte, den rechten Arm hochzuheben, sofort die zuständigen Neuronen aktiviert hatte, die Versuchspersonen empfanden jedoch, dass sie die Bewegung später ausgeführt hätten, als es tatsächlich geschehen war. Zu dem Zeitpunkt, zu dem ein Patient glaubte, sich für das Heben des Armes zu entscheiden, waren die Neuronen in seinem Hirn längst aktiv. Das Ich-Gefühl des Probanden hatte den Vorgang deutlich messbar aus der Rückschau realisiert. Der Neurophysiologe Benjamin Libet von der University of California in San Francisco folgert daraus: «Im Hirn werden Entscheidungen eigenmächtig gefällt. Das Ich glaubt nur, sie aus freien Stücken auszuführen.»

Unser Ich-Bewusstsein wird vom Denken erzeugt. Das Leben spielt sich jetzt ab, der Organismus existiert gleichfalls ausschließlich im Jetzt – nur unser Ich hinkt der Realität um Sekundenbruchteile hinterher. Sie können die zeitlich sekundenknapp verzögerten Wahrnehmungen des Ich-Prozesses mit der Live-Übertragung eines Fußballspieles im Fernsehen vergleichen, bei dem die Sendung aus irgendwelchen Gründen gewollt eine Minute später ausgestrahlt wird, als die Zuschauer im Stadion das Spiel sehen. Zahlreiche Experimente haben inzwischen bewiesen, dass wir als Ich die alltäglichen Vorgänge unseres Lebens grundsätzlich über den Rückspiegel erfahren. Unser Körper und unser Gehirn haben keine andere Zeit, in der sie leben können, als das Jetzt. Das ist unausweichlich, weil kein anderer Zeitraum in der Natur zur Verfügung steht. Allein das Gedächtnis des Menschen macht es möglich, der Wirklichkeit zum Zeitpunkt, wo sie stattfindet, auszuweichen. Es ist die permanente Flucht vor dem, was in diesem Augenblick geschieht, die unser Denken durch den Umweg über den Ich-Prozess inszeniert. Weil das Gefühl, *ich* würde diese Entscheidung treffen und sie ausführen, zeitlich so rasch und unmittelbar dem echten Ereignis folgt, leben wir in der Illusion, das Ich wäre die handelnde Instanz.

Wenn Sie ernsthaft daran interessiert sind, das spontane Prinzip des Tao in Ihrem Leben zu verwirklichen, kommen Sie nicht umhin, sich mit der Struktur Ihres Ich zu befassen. Damit drücke ich keineswegs buddhistische Gedanken von Ichlosigkeit aus, noch predige ich Maßnahmen zur Eliminierung des Ich-Prozesses. Unser Ich ist – leider – die Basis unseres Identitätsgefühls. «Ich» steht für das Bild, das wir uns über uns geschaffen haben. Im Taoismus gibt es nirgendwo einen Hinweis darauf, dass jemand dieses Ich bekämpfen und sich mittels spiritueller, meditativer Methoden davon befreien müsse. Auch hat der Weg des Tao nicht das Geringste mit dem christlichen Ideal der Selbstentäußerung einer bedingungslosen gläubigen Nachfolge gemeinsam. Viel wichtiger wäre es, dass wir die Wahrheit darüber herausfinden, was tatsächlich mit unserem Geist und unserer Psyche los ist. In einem Punkt gebe ich den Buddhisten uneingeschränkt Recht: als Menschen leben wir in einem permanenten Wahn von etwas, das wir für real vorhanden ansehen, das in Wirklichkeit aber bloß der Wind ist, den ein Ventilator erzeugt. Ich will Ihnen mit Hilfe eines kleinen

Gleichnisses erklären, wie das Ich entsteht. Bei der Geburt bekommst du einen leeren Sack in die Hand gedrückt mit der Anweisung, Kartoffeln zu sammeln und sie in diesen Sack zu tun. Also sammelst du eifrig Kartoffeln und allmählich, im Laufe der Jahre füllt sich der Sack und wird immer schwerer. Die Kartoffeln stehen symbolisch für jede Erfahrung, jeden Lernvorgang im Leben. Jedesmal, wenn du etwas erlebst, klaubst du eine Kartoffel auf und tust sie in den Sack. Dieser Sack voller Kartoffeln ist unser Ich. Es basiert zu hundert Prozent auf Erinnerungen. Die Gedanken, die aus diesem Erinnerungspotential schöpfen, erdenken sich das Ich. Dass wir uns ohne Unterbrechung als Ich erleben, verdanken wir ausschließlich dem Denken. Unser Denken ist der Ventilator und der Wind, den es erzeugt, ist das Ich. Probieren Sie es aus: Wenn Sie für ein paar Momente aufhören zu denken, wie ich es empfohlen habe, werden Sie merken, dass da plötzlich gar kein Ich mehr ist.

Die Philosophie des Tao sieht Ichlosigkeit nicht als zu erstrebendes Endziel eines Weges an, ebenso wenig verwirft es das Denken an sich. Die Empfehlung, wie man mit dem Denken umgehen soll, lautet sinngemäß, dass wir unserem Geist freien Lauf lassen sollen, ebenso wie unseren Gefühlen und den Eindrücken unserer Sinne. Die Bemühungen, mit Hilfe von Meditation und Aufsagen von Mantren dem Denken beizukommen und es ruhigzustellen, sind erst in der Verschmelzung taoistischen Gedankengutes mit dem Buddhismus aufgetreten. Gewiss ist die Art, wie wir denken, ein Hindernis für die Entfaltung der in uns schlummernden Fähigkeiten. Wer schon einmal versucht hat, seine Gedanken zurückzudrängen, weil er dann besser (oder überhaupt erst) das Jetzt wahrnehmen kann, dürfte sich erinnern, wie schlecht die Sache funktioniert hat. Wir sind in einer Situation, in der wir willentlich auf das Denken einzuwirken versuchen, viel zu sehr mit Kontrollieren beschäftigt, als dass wir noch gelassen schauen könnten. Das Problem ist nicht unsere Denkfähigkeit an sich und auch nicht die Tatsache, dass wir denken – es steckt in der Übermacht des Intellektes gegenüber allen anderen menschlichen Gaben. Unsere Gesellschaft lebt im Glauben an das geistige Monopol des Verstandes. **Dennoch ist das Prinzip des Nicht-Handelns der intellektuellen Organisation unseres Lebens so kategorisch überlegen wie die höhere Mathematik dem Einmaleins. Es kann uns ein Werkzeug spontanen Entscheidens und Handelns sein, das den Verstand buchstäblich spielend überholt.**

Wer die Lebensart des Tao kennen lernen will, muss sein Denken nicht kontrollieren. Aber er sollte die Fehler in seinem Denkverhalten aufspüren. Dies wollen wir jetzt miteinander versuchen, **denn exakt an diesem Punkt versteckt sich die Antwort auf die Frage, wer oder was uns lebt.**

Beginnen wir mit einer anderen Frage: Sie denken von sich als «ich» und das tun Sie schon, solange Sie sich erinnern können. Gibt es außer Ihren Gedanken, die sie als Ich identifizieren, noch andere Indizien dafür, dass Sie wirklich ein von den Vorgängen der Außenwelt getrenntes Wesen sind? In Seminaren pflege ich diese Frage zur Diskussion zu stellen und die Antworten lassen sich vorwiegend in drei Gruppen zusammenfassen. Einmal die Gruppe, die klar verneint: «Ich finde in mir außer Gedanken, die ‹ich› denken, keine weiteren Anhaltspunkte.» Die nächste Gruppe sagt, «An meinen Gefühlen erkenne ich, dass ich ein eigenständiges, von der Außenwelt getrenntes Wesen bin.» Die dritte Gruppe nimmt Bezug auf ihren Körper: «Ich bin ein Individuum, das aus seinem Körper, dessen Gefühlen und Gedanken seine Identität bezieht.»

Rollen wir das Thema einmal auf. Natürlich sind wir ein Ich, das steht außer Frage. Ein Ich von unserer Gedanken Gnade zwar, aber ohne Zweifel sind wir eines. Und dass unser Körper das Hauptbeweisstück unserer Identität als Mensch darstellt, kann niemand bestreiten. Ehe wir den Mund aufmachen, erkennen andere Leute uns am Gesicht, unserer Körperhaltung, sogar an der Art, wie wir uns kleiden. Dies alles ist freilich kein Beweis dafür, dass die Dinge außerhalb unserer Hautoberfläche nicht ebenso zu uns gehören – was bedeutet, dass wir jenseits der Begrenzungen unseres Organismus nicht aufhören, jemand zu sein. Der Säugling in Sigmund Freuds Betrachtung hält seine Umgebung, die Mutter, das Bettchen, den Raum, in dem es steht, ebenfalls für «ich». Wir verzichten durch unsere Ich-Gedanken auf ein gewaltiges Mehr an Existenz und Identität.

Unser Ich ist der Bodensatz lebenslanger Erinnerungen, die das Denken zu dem Bild formt, das wir von uns kultivieren. Jeder Mensch hat eine gewachsene Meinung über sich, und er wünscht, dass andere Leute dieses Bild von ihm respektieren. Er bezieht daraus die Gewissheit seiner Identität. Ich teile, wie gesagt, die Auffassung der Buddhisten nicht, dass dieses Ich sich zu Lebzeiten des Menschen durch einen Akt der Erleuchtung auflösen müsse. Als ausschließliches Ziel spiritueller Bestrebungen ist es so realitätsfern wie der Traum von ewiger Seligkeit. Ich meine, es genügt, wenn wir uns darüber klar werden, dass das Ich eben ein Denkprodukt ist. Allerdings hat eine solche Einsicht Konsequenzen, weil sie weitere Fragen aufwirft.

Ich frage Sie, wer Ihre Gedanken denkt und Sie antworten spontan «Ich natürlich». Da dieses Ich, auf das Sie sich beziehen, aller Wahrscheinlichkeit nach bloß der Wind aus einem Ventilator, dem Denken ist – wer denkt die Gedanken dann wirklich? Die Logik dieser Frage ist konsequent, aber für unser Gefühl paradox. Unbestreitbar entstehen unsere Gedanken im Gehirn. Sie sind ein Produkt unserer Neuronennetze. Denken bezieht den Stoff, mit dem es sich beschäftigt, aus zwei Quellen: einmal aus dem Gedächtnis. Dort sind alle Erinnerungen gespeichert, alles Wissen, alle Informationen über den Besitzer des Gehirns selbst und über die Welt draußen. Zum zweiten ist es der nicht abreißende Strom täglicher Ereignisse, wie sie uns das Leben beschert. Das Denken greift sie auf, stimmt zu, lehnt ab, verwirft, vergleicht, sucht im Gedächtnis nach Ähnlichkeiten als Entscheidungshilfe – und so fort. Fest steht: **Am Anfang des Denkens steht immer ein äußerer Vorgang.** Selbst wenn deine Erinnerung Gedanken auslöst, weil du über etwas nachgrübelst, war das Erinnerte einmal ein äußeres Ereignis!

Was immer in der Datenbank unseres Gedächtnisses gespeichert ist – es ist ursprünglich von draußen über die Sinne ins Gehirn gelangt. *Gedanken werden stets von einem äußeren Vorgang ausgelöst.* Nach den Prinzipien des Tao leben bedeutet im Zusammenhang mit dem Denken, dass wir begreifen, was vor unserer Nase, im Inneren des eigenen Kopfes ohne Unterlass geschieht: Denken kommt aus dem Gedächtnis. Gedächtnis entsteht durch Aufzeichnung äußerer Ereignisse. Alle in unseren Gehirnen gespeicherten Vorgänge sind vergangen. Die Illusion des Ich und die Überzeugung, dass dieses Ich der Denker seiner Gedanken ist, wird allein vom Denken aufrecht erhalten. Real dabei ist nur, dass Denken stattfindet, und zwar jetzt! Dieser wirkliche Vorgang erzeugt die Illusion, dass auch die Denkinhalte wirklich sind. Aber sie sind es nicht. Sie sind Asche, tot, vorbei. Weil dieses Ich, so realitätsnah es auf uns wirkt, nur ein Denkprodukt ist, kann es weder Gedanken denken, geschweige sie beherrschen. Denken ist ein weltumspannender Vorgang, der von der ganzen Menschheit ausgeht. Sobald ich mich von der Illusion getrennt habe, dass ich der Denker meiner Gedanken bin, und nachsehe, woher sie kommen, wie sie entstehen, was sie auslöst, wird das Prinzip der Einheit selbst beim Denkprozess sichtbar: Weltweit lösen Erinnerungen oder Ereignisse Gedanken aus. Diese Gedanken treffen neue Entscheidungen, die wiederum zu Ereignissen werden. Und diese Ereignisse gehen in das Gedächtnis der Beteiligten ein, was wiederum andere Entscheidungen beeinflusst, die Ereignisse auslösen … und eine begrenzte Zahl davon trifft auf dich oder mich und löst Gedanken, Entscheidungen und Erinnerungen bei uns aus. **Unser Denken ist untrennbar eingebunden in das Netzwerk aller weltweit sich gegenseitig und wechselwirkend beeinflussenden Erinnerungen, Gedanken, Entscheidungen und Ereignisse.**

Wer oder was uns also lebt, wird nach den voraufgegangenen Ausführungen ein wenig klarer: Es ist das Denken. Nicht allein unser eigenes Denken – sofern wir nach dem Gesagten noch bei der gewohnten Version von «mein Denken» bleiben wollen, was nicht ganz zutreffend, aber dafür einfacher ist – das Denken der Menschheit lebt Wirkungen erzeugend sowohl das Individuum wie auch die in Beziehung zu ihm stehenden Mitmenschen. Es wird Zeit, wieder in die Alltagspraxis umzusteigen. Machen Sie eine kleine Übung: Stellen Sie im Gedächtnis oder auf Papier eine Liste derjenigen Menschen zusammen, von denen erkennbar Einfluss auf Ihr Denken und Handeln ausgeht. Sie werden bemerken, dass es eine recht lange Liste werden kann, wenn Sie alle Leute, auch die in entfernterer Beziehung zu Ihnen stehen, mit erfassen. Vorgesetzte, Kunden, Auftraggeber, Eltern, Kinder, Verwandte, Ehemänner, Ehefrauen, Freundinnen, Freunde, Schuldner, Kreditgeber, Hausverwalter, Nachbarn, Ihre Autowerkstatt, der TÜV, die Polizei, das Finanzamt, Ihr Steuerberater, Ihr Rechtsanwalt, Ihr Arzt, der Pastor, die Müllabfuhr, der Gasmann, Ihr Schäferhund …

Als Nächstes sollten Sie noch eine zweite Liste aufstellen. Listen Sie Dinge und Zustände auf, die Ihre Gedanken und Handlungen beeinflussen. Das können Bücher sein, fällige Reparaturen in der Wohnung oder am Haus, gesundheitliche Probleme, eine Geschäftsreise, Kurse, die Sie besuchen, Ihre Religion, das Wetter,

Ihr Garten, Geldangelegenheiten, Ihre Hobbys, Suchtprobleme, Heirat, Scheidung, Ihre Suche nach dem Sinn, Ihre Wünsche und Hoffnungen, Ihre Ängste vor diesem und jenem ...

Wenn Sie dies alles beieinander haben, möchte ich Sie etwas fragen. Und zwar, ob bei der Vielfalt an äußeren Einflussfaktoren noch viel Freiheit zum Handeln übrig bleibt. Ist es nicht so, dass dieses Netzwerk an Beziehungen menschlicher wie sachlicher Art von sich aus dafür sorgt, dass Sie tun, was die jeweilige Situation von Ihnen fordert? Die Einsicht, die ich bei Ihnen gerne auslösen möchte, soll Sie nicht in noch tiefere Unsicherheit stürzen, als es womöglich bereits der Fall ist. Die Erkenntnis der Unzulänglichkeit des individuellen Entscheidungsapparates soll zwar eine Niederlage einleiten – aber es ist eine Niederlage, die am Ende den Sieg bringt. Wenn Ihnen glasklar ins Bewusstsein dringt, wie wenig Sie im Grunde Ihr alltägliches Schicksal beeinflussen können (was die meisten Menschen, ohne es sich einzugestehen, unbewusst ahnen), und wenn Sie obendrein realisieren, dass dieses Ich, das Sie für den Urheber Ihrer Beschlüsse und den Fühler Ihrer Gefühle halten, das Jetzt immerzu knapp verfehlt, weil es selber zur Vergangenheit gehört, dann ist die Zeit gekommen, dass Sie aufgeben. Die Vorherrschaft des Verstandes, der allein die Entfaltung Ihrer anderen, besseren Gaben verhindert, ist durch eine Jahrtausende währende Selbstorganisation zustande gekommen. Und ist aufgrund der allgemeinen Unterstützung sehr schwer aus der Balance zu bringen. Aber um in Ihrem Geist einen neuen, kreativeren Ordnungszustand herzustellen, muss dieses sich selbst stützende System gestört werden. Die Wissenschaft von der Synergetik nennt diese Störungen «Fluktuationen». Regelmäßig auftretende Fluktuationen führen zum Chaos, und ohne vorhergegangenes Chaos kann keine neue Ordnung entstehen. Das ist so ähnlich, wie ich es in dem Beispiel mit dem Kartenstapel im vorigen Kapitel erläutert habe. In der Phase, da Sie beginnen, Ihrem gewachsenen Instrumentarium des Handelns ernsthaft zu misstrauen und bereit sind, sich zunächst dem mit solchen Einsichten verbundenen Unbehagen auszusetzen, bekommt das Gefüge Ihres Intellekts die ersten Risse. Gut, in diesem Gemütszustand geraten Sie in eine Lage, in der Sie den Eindruck haben, dass Sie unfähig zu jeder noch so einfachen Entscheidung sind. Dieser Eindruck spiegelt die tatsächlichen Machtverhältnisse in Ihrem Kopf wider und er raubt Ihrem Verstand einen Teil seiner Selbstsicherheit – die ohnehin nur eine Täuschung ist. Je klarer Sie die Erkenntnis der Ohnmacht Ihres alten Instrumentariums auf den Spiegel Ihres Bewusstseins einwirken lassen, desto stärkere Einbrüche erfährt das eingefahrene System in Ihrem Gehirn. Und eines baldigen Tages – nach einer Reihe unpopulärer Schlussfolgerungen Ihres Denkens – hat Ihr Geist mit einemmal die Einsicht, dass er eigentlich kein Instrument zum Handeln mehr hat. **Und dann gibt er Ruhe**! Der gleiche Effekt entsteht, wenn Sie tage- und nächtelang mit einem schweren Problem gerungen haben, bis Ihre Zellverbände nur noch ermattet rotieren – das ist der Punkt, wo sich das Denken infolge Erschöpfung seine Niederlage eingesteht und eine Weile verstummt.

Ich glaube, es gibt keinen Menschen, der solche kummervollen Krisen noch nicht durchgemacht hat. Bitte, erinnern Sie sich: War es nicht so, dass Ihnen aus diesem Zustand der Auflösung heraus unversehens neue Energien zugeflossen sind? Und dass Sie wie aus dem Nichts Lösungen sahen, die Ihnen zuvor bei allem Grübeln nicht eingefallen waren? Dass unerwartet die Ansätze von Veränderungen sichtbar wurden und Sie mit neuem Mut Ihr Schicksal in die Hand nahmen? In diesen Fällen hat Ihr Geist im Aufgeben, im Geschehenlassen Wu wei geübt, ohne dass Ihnen etwas von der Philosophie des Tao bewusst war. Rolf zum Beispiel (Sie erinnern sich?), das muss erwähnt werden, hat mit Taoismus oder einer anderen Lehre wenig am Hut. Er lebt das normale Leben des Durchschnittsmenschen, ohne dass er sich in irgendeiner Richtung festgelegt hätte. Er ist sich jedoch der Grenzen seines Verstandes und Wissens bewusst, er hat nur eine bescheidene Meinung über sich selbst und ist sich nur zu sehr seiner Schwächen bewusst. Sie brauchen keine Theorie, damit Sie loslassen können. Wenn Sie sich das, was Sie insgeheim sowieso argwöhnen, nämlich dass die Qualität Ihres Lebens von sehr vielen Faktoren beeinflusst wird, über die Ihr Wollen keine Macht hat, ehrlich eingestehen, ist Ihr Intellekt reif für einen Platzwechsel: er rückt dann aus Einsicht ins zweite Glied und schafft Raum für die Entfaltung der Spontaneität.

5. KAPITEL

Die Kunst, sich leben zu lassen

Vielleicht konnte ich Sie davon überzeugen, dass es mit unserem freien Willen nicht allzu weit her ist. Dass wir dort, wo wir unsere hoch geschätzte Entscheidungsfreiheit einsetzen, meistens von den äußeren Verhältnissen gelebt werden und wir zwar Beschlüsse fassen, dabei aber sozusagen «unser Fähnchen in den Wind hängen». Ich will es an einem heiteren Beispiel erklären: Vor vielen Jahren bin ich manchmal mit meinem Hund auf den Dressurplatz eines Hundesportvereins gegangen, damit der verwöhnte Bursche ein wenig Gehorsam lernte. Bei den Übungen, wo der Hund seinen Herrn verteidigen musste (an denen ich nicht teilgenommen habe), gab es eine Variante, wo der Besitzer den Hund ins Gelände schickte, um den Bösewicht zu suchen. Dabei sollte der Hundeführer in eine bestimmte Richtung deuten und der Hund musste lernen, in genau die gewiesene Richtung zu rennen. Nun gab es da einen ungeheuer korpulenten Metzgermeister mit seinem nicht weniger bulligen Rottweiler. Der gute Mann hatte einen Trick herausgefunden, wie er bei Prüfungen in der Disziplin «Täter aufspüren» Punkte sammeln konnte. Er gab dem Hund den Suchbefehl, dann wartete er ab, wohin der Hund loszog – und blitzschnell deutete er dann in die von seinem Rottweiler eingeschlagene Richtung! Sie verstehen, was ich mit der Geschichte sagen will? Die zugleich das Sprichwort vom «Fähnchen in den Wind hängen» verdeutlicht. Wir treffen Entscheidungen und wähnen, es wären unsere eigenen, dabei sind sie mehr oder weniger unfreiwillig von den akuten Ereignissen herbeigeführt, wenn nicht gar erzwungen worden.

Wenn Ihnen dieses Buch nun vorschlägt, sich vom Tao leben zu lassen, lautet die Alternative dazu nicht etwa, dass Sie andernfalls sich selber leben, frei, unbeeinflusst, von nichts bestimmt. Die zwei Arten des Handelns, die zur Wahl stehen, stellen sich, auf einen knappen Nenner gebracht, so dar: Sie, wir, können weiterwursteln wie bisher, die hunderttausend Einflüsse, die unseren Alltag beeinflussen, ignorieren und uns in der Überzeugung sonnen, wir täten alles aus freiem Willen. Oder wir gestehen endlich frei und offen, dass wir im Grunde noch nie eine hochgradige freie Auswahl der Dinge hatten, die wir tun oder haben wollten. Mit diesem scheinbar fatalen Geständnis stellen wir unserer Erfahrung samt ihrem Vergleichsapparat den Stuhl vor die Tür. Wer diesen Schritt tut, fühlt sich hinterher wie nackt, als ob er barfuß über Scherben gehen müsste – es ist, als ob du in einem Auto sitzt, dem das Lenkrad fehlt. Der Journalist und Neurobiologe Franz Mechsner hat das Dilemma der Unzulänglichkeit unseres Denkapparates in einem in der Zeitschrift GEO veröffentlichten Aufsatz mit dem Titel «Wie denkt der Mensch» abschließend sehr treffend formuliert:

«Somit ersparen uns weder Wahrnehmung noch Denken die Zweifel an der Richtigkeit unseres Handelns. Und obwohl Wahrheit objektiv für uns nicht erkennbar ist, sind wir gezwungen, daran zu glauben, dass es sie gibt. Hielten wir etwa ethische Vorstellungen für beliebig, würde jedes Nachdenken über unser Leben, jedes Interesse daran sinnlos, und wir versänken in einem Chaos aus Unsicherheit und Gleichgültigkeit. Der Mensch steht also vor dem Dilemma, dass er ohne Nachdenken nicht verantwortungsvoll leben kann – und dass leider das Nachdenken wiederum höchst irrtumsanfällig ist.»

Stark vereinfacht ausgedrückt, haben wir die Wahl zwischen einem Leben, das von den herrschenden Verhältnissen determiniert wird, oder einem, das künftig jenseits der Hemmschwelle unserer Erfahrung stattfindet. Einem Leben, das seine Bewegungen aus der Intelligenz des Tao schöpft, frei und unbeeinflusst von Meinungen und Vorurteilen. Wenn Sie mich fragen, wie man damit anfängt, muss ich Ihnen zuerst die Geschichte vom Tausendfüßler erzählen. Der wurde gefragt, wie er es denn fertig bringt, seine vielen Beine so synchron zu bewegen, dass nichts durcheinander gerät. Der Tausendfüßler dachte über die Frage nach und versuchte in Gedanken die Bewegungen seiner Beine zu kontrollieren. Und plötzlich klappte es nicht mehr – er brachte seine Gliedmaßen durcheinander, und erst als er zu Denken aufhörte, konnte er sich wieder normal und mühelos fortbewegen. Sie dürfen sich nicht vornehmen, von jetzt an spontan zu leben. **Tun Sie es einfach! Denken Sie nicht darüber nach, sonst ergeht es Ihnen wie dem Tausendfüßler. Geben Sie jede Anstrengung auf, Ihr alltägliches Leben in den Griff zu bekommen. Lassen Sie alles laufen, wie es läuft. Machen Sie sich klar: Sie und der Lauf der Dinge sind ein und dasselbe. Greifen Sie nur dort ein, wo Sie trotz des Denkens dieses Gefühl von Richtigkeit spüren und unterlassen Sie alle Aktion, wenn dieses Gefühl ausbleibt.**

Tschuang tzu hat einst den obigen Rat wie folgt formuliert:

«Höre meine Worte: Was den Körper betrifft, so ist es am besten, er geht mit den Dingen. Was die Gefühle betrifft, so ist es am besten, ihnen freien Lauf zu lassen. Wenn du mit den Dingen gehst, vermeidest du die Trennung von ihnen. Wenn du den Gefühlen freien Lauf lässt, vermeidest du Ermüdung.»

Und Allan Watts kommentiert in seinem Buch «Der Lauf des Wassers» den obigen Spruch so:

«Es soll jedoch betont werden, dass ‹du› grundsätzlich nicht ‹den Dingen› folgen kannst, ohne vorauszusetzen, dass es tatsächlich keine Alternative gibt, da du und die Dinge der gleiche Vorgang seid, das jetzt strömende Tao. Das Gefühl, dass es einen Unterschied gibt, ist ebenfalls Teil dieses Vorganges. Das ist nun einmal so. Nur der Strom ist und seine Myriaden von Windungen, seine Wellen, Bläschen, Schaum, Wirbel und Strudel – und **das bist du!**

Das Leben, das von unzähligen Einflüssen gelenkt wird, kennen Sie. Das andere kennen Sie nicht oder höchstens aus der Erinnerung an jene seltenen spontanen Ereignisse, da Sie in Gefahrsituationen aus einem Impuls heraus richtig gehandelt haben. Ich will nicht bestreiten, dass es im Leben jedes Menschen auch Episoden gibt, wo er tatsächlich kreativ, intuitiv, inspirativ agiert hat, ohne dass eine Notsituation dies erfordert hätte. Bloß hat nach solchen Aktionen kaum ein Mensch den Mut, dieses Verhalten zu fünfzig, achtzig oder gar hundert Prozent im Alltag einzuführen. Es bleibt bei Eintagsfliegen; spontane, gelungene Taten sind darum so selten, weil wir trotz des Erfolgserlebnisses Angst haben, das nächste Mal müsse es bestimmt schief gehen, wenn wir das Schicksal weiter so leichtsinnig herausfordern. Uns fehlt jegliches Zutrauen zu unseren verborgenen Fähigkeiten. Ich möchte Ihnen eine Probezeit mit dem Tao vorschlagen, die Sie jederzeit abbrechen können – die alten Reaktionsmuster gehen leider nicht so rasch verloren, als dass Sie nicht jeden Moment wieder zu ihnen zurückkehren könnten. Nehmen Sie sich eine Woche vor. Sieben Tage, von Sonntag bis Sonnabend. Während dieser Zeit achten Sie darauf, dass Sie keine Vergleiche ziehen – Sie lassen alles, was Ihnen in diesen Tagen begegnet, einfach unbeurteilt auf sich einwirken und Sie entspannen sich dabei. Sagen Sie sich, dass für Sie als Ich mit seiner Erfahrung nichts zu tun übrig bleibt, wenn Sie alles dem Leben selbst überlassen. Soll das aus dem Tao entspringende Te von sich aus operieren, Sie schauen zu, zumindest diese Woche. Treffen Sie in den sieben Tagen auch keinerlei Entscheidungen. Falls

Situationen eintreten, die Ihren Einsatz fordern, dann handeln Sie. Aber handeln Sie aus den Impulsen heraus, die in dieser entspannten Geisteshaltung aus Ihrer Tiefe aufsteigen. Und grübeln Sie hinterher nicht darüber nach, ob es richtig war, was Sie spontan getan oder ob Sie Fehler gemacht haben. Sie können zwar das Auftreten solcher nachkalkulierender Gedanken nicht unterbinden, aber Sie können sie kurzerhand sich selbst überlassen. Weil Sie die Hinterlist sinnlosen Nachgrübelns über eine Entscheidung durchschauen, können derartige Gedanken Sie nicht mehr beunruhigen. Mögen sie Ihnen zuflüstern, was sie wollen – Sie delegieren die Dinge diese Woche direkt an die Adresse des Lebens.

Sich-leben-Lassen ist etwas, in das Sie hineingleiten, ganz von selbst. Und dieses Sich-hineingleiten-Lassen ist nicht identisch mit Resignation oder Selbstaufgabe, wie der Begriff im Allgemeinen verstanden wird. Wu wei kann im übertragenen Sinne auch als Nicht-Anklammern verstanden werden. Wenn ich mich an etwas klammere – an meinen Job, meine Freundin, meinen Freund, meine Antiquitäten oder das Wohnmobil, weil es vielleicht mein einziges Zuhause ist – dann sind mir diese Menschen und Dinge nicht sicherer. Ich habe im Gegenteil alle Souveränität über sie aufgegeben und sie gegen Angst vor dem Verlust eingetauscht. Wenn ich anklammere, **haben die Dinge mich, nicht ich sie**! Bezüglich unserer persönlichen Sicherheit machen wir uns sowieso andauernd etwas vor. Und zwar deshalb, weil wir mit der Vorstellung eines Lebens ohne Sicherheit nicht existieren können. Nun, in der Tat schafft sich der Mensch in seinem persönlichen Umfeld einen Rahmen, in dem er sich einigermaßen vor Unheil und Fremdeinwirkung geschützt fühlt. Und dies mit gewissen Einschränkungen zu Recht. Der Fehler bei unseren Maßnahmen zur Absicherung unseres Wohlergehens liegt in unseren Denkgewohnheiten. Wir amüsieren uns über den Vogel Strauß, der bei Gefahr den Kopf in den Sand steckt und wähnt, wenn er den

Feind nicht mehr sieht, ist er gleichfalls unsichtbar. Aber Ähnliches vollbringen wir in Gedanken. Wir leben in dem Wahn, wir könnten alles mögliche Ungemach abwehren, wenn wir nur oft und lange genug darüber nachgrübeln. Ein Großteil unserer Denkkapazität wird darauf verwendet, unseren Alltag gegen echte oder eingebildete Gefahren abzuschotten. Und dies mit Gedanken zu versuchen, ist so lächerlich wie die Vogel-Strauß-Politik. Gedanken können sich einzig mit der Vergangenheit befassen, vergleichen, schlussfolgern, ergänzen, raten, mutmaßen, kalkulieren – aber in eine Zukunft schauen, die es real gar nicht gibt, das können sie nicht. Was der Mensch für Zukunft hält, ist Vergangenheit, die er wie mit einem Diaprojektor vorauswirft ins Nichts. Er übersieht dabei, dass er als Beobachter samt seinem Projektor in der Gegenwart steht, die er gleichfalls übersieht, weil er viel zu sehr mit seinen gedanklichen Projektionen beschäftigt ist. **Nichts von allen diesen Maßnahmen verbessert auch nur im Geringsten den Grad der Sicherheit unseres Lebens!** Auch wenn wir uns Tag und Nacht ausschließlich denkend um unsere Sicherheit kümmern würden, hätte dies keinerlei Auswirkung auf die Stabilität unserer Situation.

Während dieser Woche auf Probe tun Sie nichts anderes als sonst auch. Sie gehen Ihren Geschäften nach, pflegen oder vernachlässigen Ihre Beziehungen, essen und trinken wie gewohnt und verbringen Ihre Freizeit in den eingefahrenen Geleisen und erleben die üblichen Höhen und Tiefen des Alltags. Nichts soll Sie in diesen Tagen hindern, sich Wünsche auszudenken und Ihren Visionen nachzuhängen. Sie werden feststellen, dass die vertrauten Einflüsse, die in Ihr Leben hineinwirken, nach wie vor vorhanden sind – die schwierigen Kinder, der/die nörgelnde Partner/in, der Problemkunde, der cholerische Vorgesetzte, der miese Kontostand, und selbstredend sind auch alle jene erfreulichen Umstände nach wie vor da, die Ihnen über Unzulänglichkeiten Ihres Umfeldes hinweghelfen. Der Unterschied gegenüber anderen Wochen ist der, dass Sie sich Ihrer Begrenzungen und Einschränkungen deutlicher bewusst werden, weil Sie sich aus freiem Entschluss heraushalten. Sie reagieren deshalb nicht mehr automatisch und reflexhaft auf die symbolische Wand, die von den Bedingungen Ihrer Lebenssituation gebildet wird – Sie nehmen glasklar und überdeutlich wahr, was Sie sonst verdrängen. Alle diese äußeren Bedingungen, die Ihnen mit einemmal bewusster werden, sollen Sie nicht am Schritt in die Freiheit des Nicht-Handelns hindern. Lassen Sie sich nicht von der scheinbaren Übermacht der Umstände entmutigen, bloß, weil diese Probewoche offenbart, wie eng der Käfig ist, in dem Sie leben. Vermeiden Sie in dieser Phase des Versuches die Analyse. Analysieren heißt Vergleichen. Und womit wollen Sie denn Ihre Lage vergleichen? Mit dem Traum, den Sie einst träumten oder noch träumen? Aus dem die Konfrontation mit der tatsächlichen Beschaffenheit Ihres Handlungsspielraumes Sie gerissen hat? Oder wollen Sie sich mit anderen Leuten vergleichen, denen es offenbar besser geht als Ihnen; die mehr Freiheit, mehr Geld, mehr Einfluss, mehr Glück haben? (Glauben Sie mir, mit wem immer Sie sich vergleichen wollen – er oder sie steckt in seinem eigenen Käfig, er mag größer sein als der Ihre, mehr vergoldet, aber er ist da und wird nur nicht als Gefängnis empfunden, weil er sich mit seinem Insassen mitbewegt!) Lassen Sie unverzagt den Dingen ihren Lauf. Betrachten Sie alles, was Ihnen begegnet, aufmerksam und warten Sie ab, was geschieht. Mit Ihrem Entschluss, dieses Spiel, sich leben zu lassen, befristet mitzuspielen, geben Sie erstmals einer Gabe die Möglichkeit zur Entfaltung, die intelligenter ist als alles, was Sie kennen.

Es gibt eine Anzahl wunderschöner, poetischer Texte, die das Bild des Menschen zeichnen, der dem Tao das Handeln überlässt. Da wäre die Parabel vom Kranich, der einen Weiher überfliegt und sich darin spiegelt. Er tut dies ohne Absicht, und die Wasseroberfläche gibt das Bild des Kranichs ebenso motivlos wieder. Oder das Gleichnis vom Schilf, dessen Schatten den Staub auf der Treppe, auf den er fällt, nicht aufwirbelt. Oder der Satz: «Ein guter Wanderer hinterlässt keine Spur.» Allen Beispielen gemeinsam ist der Umstand, dass der skizzierte Vorgang keine Wirkung anstrebt. Die Dinge ereignen sich, weil die Zeit reif dafür ist, dass sie stattfinden. Sie geschehen in Harmonie mit den anderen Erscheinungen, die sie berühren oder die sie kreuzen. Wenn ein Wasserlauf auf ein Hindernis trifft, umspült er es und setzt seinen Weg fort. Ich weiß, speziell mit dem letzten Vergleich tun wir modernen Menschen uns schwer. Sich mit dem Strom bewegen, wie man es in unserem Kulturkreis versteht, meint, konform sein, sich angleichen, anpassen, sogar unterwerfen. Ein großer Teil der Menschen, die ich kenne, verhält sich auch so. Nur nicht aus dem Rahmen fallen, unter keinen Umständen anders sein als die anderen. Es sind Befolger und Untertanen von Reglements, die nur zu Bruchteilen in Gesetzen und staatlichen Verordnungen bestehen. Der Rest fällt eher in die Kategorien öffentliche Meinung, Zeitströmung und gesellschaftliche Trends. Nun erfordert das Prinzip des Nicht-Handelns keinesweg ein exotisches Outfit oder die Mentalität eines Anarchisten. Es wäre auch äußerst töricht, sich nicht bestimmten Gesetzen anzupassen. Jedes andere Lebewesen in der Natur sieht zu, dass es mit seiner Umwelt klar kommt, und passt sich an die herrschenden Gegebenheiten an. Wir tun gut daran, uns an die geltenden Regeln des Zusammenlebens mit unseren Mitmenschen zu halten. In seinem äußeren Auftreten können Sie einen Menschen, der den Weg des Tao geht, nicht von anderen Leuten unterscheiden. Sollte Ihnen mal jemand mit wallenden Gewändern begegnen, der Taoismus predigt, dann machen Sie einen Bogen um ihn. Wer sich herausputzt, um aufzufallen oder originell zu sein, ist entweder ein Narr oder ein armer Tropf, der unbedingt etwas gegen sein mangelndes Selbstbewusstsein unternehmen muss. Wer die Prinzipien des Tao verstanden hat, fällt nicht auf. Wohl ist er innen anders als die Menschen seiner Umgebung, weil er Einblick in sich selbst gewonnen hat. Er hat es nicht nötig, Eindruck zu schinden oder seine Bedeutung hervorzuheben. Zumal er begriffen hat, wie viel näher er drinnen dem Nichts ist als jene, die so viel von sich hermachen.

Während Ihrer Probewoche können Sie herausfinden, wie federleicht es sich lebt, wenn Sie keine Wirkungen mehr erzeugen müssen und wollen. Wenn Sie jemandem etwas erzählen und er widerspricht Ihnen, dann lassen Sie ihn. Versuchen Sie nicht, Recht zu behalten – es nützt sowieso nichts, wenn der oder die andere auf ihrer vorgefassten Meinung beharrt. Machen Sie speziell bezüglich der Verteidigung Ihres Standpunktes einige Tests. Überlassen Sie die anderen Leute ihren Überzeugungen – an Ihrer Meinung sind sowieso die wenigsten interessiert. Ich habe oft an Geselligkeiten teilgenommen, wo viel geredet, erzählt, diskutiert wurde, und habe dabei ganze Abende lang kaum ein paar Worte von mir gegeben. Am Schluss äußerten etliche beim Abschied, wie toll wir uns doch miteinander unterhalten hätten. Sie werden still und dulden die kontroversen Meinungen der anderen. Und dann werden Sie über kurz oder lang erleben, dass reale Vorgänge das bestätigen, was Sie gegen die verbale Opposition Ihrer Gesprächspartner und -partnerinnen nicht durchsetzen konnten. Auch in Situationen, denen gegenüber Sie sich machtlos fühlen, denen Sie aufgrund Ihrer schwachen Position nicht gewachsen sind, empfiehlt sich Lebenlassen: Sie gestehen sich Ihre Ohnmacht ein – und tun sonst nichts. Lassen Sie Ihre Kontrahenten im Glauben, dass sie gewonnen hätten, am Ende lachen Sie! Packen Sie alle diese Muster in die Woche hinein, lassen Sie dem Leben seinen Lauf und gehen Sie widerstandslos mit. Wenn Ihr Boss

Ihnen Überstunden abverlangt, dann leisten Sie sie, wenn er Ihr Gehalt erhöht, nehmen Sie es und wenn Ihre Partnerin, Ihr Partner davonlaufen will, dann lassen Sie sie gehen. Bewegen Sie sich mit der Veränderung. Denn Veränderung schafft Raum für das Neue. Das Geschehenlassen ist wie ein Strom, der sich endlos von der Quelle und seinen Nebenflüssen her erneuert. Heraklit hat geschrieben, man könne keine zwei Mal im selben Fluss baden (weil es immer wieder anderes Wasser ist, das vorbeifließt).

Der Volksmund spricht nicht eben achtungsvoll von Leuten, die immer den Weg des geringsten Widerstandes einschlagen. Sie gelten als faul, als Schwächlinge, als charakterschwach. Das Ideal ist der Typ des Kämpfers, der Beschlüsse fasst und sie mit eiserner Energie durchsetzt. Der Gewinner eben. Doch es wäre nicht das erste Mal, dass das Volk sich irrt. Sicher ist das Leben eines Tagediebes, der anderen auf der Tasche liegt und sie ausnützt, nicht achtenswert. Einen solchen Menschen hat mir einmal eine Leserin in einem Brief als typischen Taoisten beschrieben. Es handelte sich um ihren Freund und sie betonte insbesondere seine Nonchalance, was gegebene Versprechen betraf, und seine pekuniäre Sorglosigkeit, solange sie noch Geld verdiente. Ich schrieb ihr zurück, dass ihr Freund noch nicht einmal als Karikatur eines Taoisten ausreiche, und dass ich ihm den Geldhahn zudrehen würde, um zu sehen, ob er dann immer noch so locker ist. Mit den Dingen gehen im Sinne des Nicht-Handelns, des Sich-leben-Lassens ist eine andere Sache. **Der Mensch des Tao weicht Schwierigkeiten nicht aus, indem er die Flucht ergreift oder wegsieht. Er stellt sich ihnen, aber er stemmt sich nicht gegen sie.** So vermeidet er jeden Reibungsverlust.

Nehmen wir an, Sie kämen vom Einkaufen zurück zu Ihrem Auto auf dem Parkplatz und müssten feststellen, dass Ihre Heckscheibe zertrümmert ist. Egal, ob Sie nun gegen Glasschäden versichert sind oder nicht – auf jeden Fall ist Ihr Wagen beschädigt und muss repariert werden. Wie reagieren Sie? Zuerst dürften Sie wohl nachprüfen, ob etwas gestohlen wurde. Sie ärgern sich über den Schaden und Ihr Denken beginnt in immer wiederkehrenden Schleifen, die Situation zu verkraften. Sie wollen einfach nicht akzeptieren, was da passiert ist. Ihnen widerfährt so etwas doch nicht, wie ist das nur möglich? Natürlich erwägen Sie sofort auch Maßnahmen, den Schaden zu beheben, Sie werden gegebenenfalls überlegen, was das wohl kostet und wie schnell die Geschichte aus der Welt zu schaffen ist. Die praktischen Anteile Ihrer Überlegungen sind notwendig und in Ordnung, aber die Versuche Ihres Geistes, die Konfrontation mit dem Unerwarteten zu verkraften, sind reine Energievergeudung. Dies ist nämlich der Punkt, wo Sie das Loslassen versäumen. Sie klammern sich noch immer an den vorherigen unversehrten Zustand Ihres Autos, obgleich dieser erwiesenermaßen nicht mehr existiert. Ein Mensch, der sich leben lässt, unterdrückt keinesfalls seinen Ärger über den Frevel, der seinem Auto angetan worden ist. Tschuang tzu sagte, der Gerechte sei in seinem Zorn so spontan und natürlich wie in seiner Freude. Sich-leben-Lassen heißt nicht, seine Gefühle kontrollieren oder sie im Zaum halten. Im Gegenteil: lassen Sie Ihrer Wut freien Lauf, sie wird sich dann viel schneller abkühlen, als wenn Sie sie zu beherrschen suchen. Viel wichtiger wäre es, dass Sie die Nutzlosigkeit des Anklammerns an eine nicht mehr vorhandene Unversehrtheit Ihres fahrbaren Untersatzes begreifen und damit aufhören. *Das* ist gemeint, wenn ich sage, Sie sollen sich der Situation zwar stellen, ihr aber nicht widerstehen. Wenn Sie die defekte Scheibe als Faktum akzeptieren – was sie schließlich ist –, dann gehen Sie mit den Dingen. Solange Sie mit schmerzhafter Intensität am Geschehenen in Gedanken und den sie begleitenden Gefühlen herumwerkeln, verlängern Sie nur den Frust über das Geschehen und verpulvern wertvolle Energie.

Was ich hier beschreibe, kann den Eindruck erwecken, als

würde ich Duldsamkeit gegenüber den alltäglich auftretenden kleinen und größeren Widrigkeiten des Schicksals predigen. Dem ist nicht so, der Anschein entsteht durch die äußere Ähnlichkeit, die Schicksalsergebenheit oder Geschehenlassen haben, und durch den Umstand, dass unsere Sprache keine Begriffe kennt, mit denen treffender die dem Sich-leben-Lassen innewohnende Aktivität zum Ausdruck kommt. Das hängt unter anderem mit unserer Ignoranz gegenüber den Begrenzungen unseres Handlungsspielraums zusammen – wir verdrängen die Ohnmacht unserer Position ins Unbewusste und leben im Wahn unserer Entscheidungsfreiheit. Bis dann eines Tages, ausgelöst von einem unvorhergesehenen Ereignis, die Wahrheit durchbricht und wir mit unserem Unvermögen konfrontiert sind. Dann wird man zynisch und depressiv und mag sich selbst und die Welt nicht mehr. Man spielt nicht mehr mit und verfällt in Lethargie. Dieser Zustand ist kein Nicht-Handeln und nicht das Sich-leben-Lassen, das ich Ihnen nahe bringen möchte. Der Zyniker und Weltverachter aus bitterer Erfahrung erlebt seine Welt als feindlich und seine Mitmenschen als seine Gegner. Er sieht keine Chancen, aus dem Loch herauszukommen, in das die Umstände (oder seine Fehler) ihn gestürzt haben. Er verzweifelt an sich und seiner Lage. Der Mensch des Tao dagegen empfindet gegenüber seiner Außenwelt weder Furcht noch Abneigung. Er hat begriffen, dass er und seine Welt und der Lauf der Dinge – auch der unangenehmen – der gleiche Vorgang sind. Weil sein Ich nicht mehr die Hauptrolle in seinem Innenleben spielt, fühlt er sich den Ereignissen eng verbunden und stößt sie nicht von sich, wenn sie eintreten. Er lehnt sie nicht ab und er nimmt sie nicht an, er versteht, sie sind, wie sie sind. Er hat Wünsche und Sehnsüchte und Visionen, und er geht ihnen nach, aber er tut das anders, als er es früher gewohnt war. Das Hauptmerkmal, das ihn vom Resignierten unterscheidet, ist, dass er zwar ebenfalls ab und zu eine Bauchlandung erlebt, aber er steht auf und macht weiter und vergisst die Niederlage – und er spürt, dass ein Verlust dazugehört, damit er in anderen Fällen das Glück des Gelingens besser genießen kann. Das Yin-und-Yang-Prinzip gehört zu unserem Leben. Ohne die Gewissheit des Todes könnten wir nicht das Leben so hoch einschätzen und ohne Winter gäbe es nicht die Wonne des Frühlings und Sommers. Der Mensch des Tao geht mit seinen Erfolgen wie mit seinen Niederlagen gleich um: Er lebt sie aus. Die einen ärgern ihn und machen ihn traurig, über die anderen freut er sich. Und in beiden Fällen hängt er weder der Trauer noch der Freude nach. Er geht zur Tagesordnung über und ist offen für alles, was weiter geschieht. Wer sich vom Tao leben lässt, vertraut seine Wünsche und Ängste gleichermaßen der Intelligenz seines eigenen Bewusstseins und Wesens an.

Wenn wir uns fragen, was der Mensch eigentlich will, ist die Antwort recht simpel: Er will glücklich werden und es so lange wie möglich bleiben! Ich erlebe es bei Seminaren oft, dass mich Menschen aufsuchen, die auf ihrer Suche nach dem Glück über Jahre hinweg Veranstaltungen besuchen, von denen sie sich Antworten erhoffen, wie man das macht. Daran gibt es an sich nichts auszusetzen, nur – hier wird das Unmögliche gesucht: Sie wollen nicht nur glücklich werden, sie möchten haben, dass ihr Leben in einen Zustand dauernd gesicherten Wohlbefindens einmündet und auf immer so bleibt. Sie übersehen, dass jedes Befindnis, das zum Dauerton wird, von uns bald nicht mehr wahrgenommen wird. Ein harmonisches Dasein ohne jede Störung wird über kurz oder lang gar nicht mehr als harmonisch, sondern nur noch als eintönig und langweilig empfunden. Wir brauchen den Kontrast zwischen Warm und Kalt, Hell und Dunkel, Wonnevoll und Schmerzhaft, damit wir die Welt überhaupt wahrnehmen können. Wer Gleichklang sucht und ihn womöglich findet, dem winkt nicht etwa das Glück – der lebt gar nicht mehr richtig. Wünschen wir uns also bitte kein dauerhaftes Wohlgefühl, wir wären gestraft, wenn wir es bekämen, denn es würde uns rasch im Stich lassen, weil es nichts Besonderes mehr für uns wäre. Natürlich vergesse ich bei diesen Ausführungen nicht die Menschen, denen dauerhaftes Leid beschieden ist. Dies ist ein Thema, mit dem ich mich im nächsten Kapitel befassen werde. Das Phänomen des ständig Leidgeprüften hat Aspekte, die zu untersuchen sich lohnt.

Kommen wir noch einmal auf die Probewoche des Sich-leben-Lassens zurück. Sobald Sie entschlossen sind, die Dinge eine Zeit lang sich selbst zu überlassen, werden Sie noch etwas feststellen: Ihnen wird auffallen, wie Sie das Tagesgeschehen nach den Regeln festgefahrener Denkschablonen beurteilen. Sie erleben die Realität nicht wertneutral, sondern mit Hilfe von Gedanken, deren Qualität und Inhalte sehr unfrei sind. Sie denken aus einer Gebundenheit an vorgefasste Meinungen und Wertvorstellungen heraus. Einfach ausgedrückt: Sie haben beim Denken unbewusst das Gefühl, Sie müssten sich an selbst gesetzte oder (ohne dass es Ihnen auffällt) fremd verordnete Normen halten. Diese Normen bestimmen, ob Sie gedanklich einem Vorgang zustimmen oder ihn ablehnen. Ihre gewachsenen Vorurteile, wie man über eine Sache zu denken hat, verzerren die Wahrnehmung des Tatsächlichen. Nachdem Sie aber nun entschlossen sind, dem Leben ein paar Tage lang seinen Lauf zu lassen, ohne dass Sie sich einmischen, entfällt diese Notwendigkeit jeder gedanklichen Interpretation. Der Wegfall dieses Zwanges deckt Ihre Gewohnheit auf, in Schablonen und nach den Regeln oder Normen zu denken. Sie haben in dieser Woche die Chance, Ihr Denken zu liberalisieren. Es findet weiterhin statt, ohne dass Sie viel dagegen tun können, jedoch mit einem fundamentalen Unterschied: Da Sie sich nicht einmischen, fehlen Ihrem Denken plötzlich seine Schranken (eben jene Normen und Regeln, denen Sie sich verpflichtet fühlen, wenn Sie denken), und es hat keine Parameter mehr zur Beurteilung einer Situation. Es wird dann zwar weiterplätschern, aber da gibt es keine Zwänge mehr, *wie* gedacht werden muss. Und da Ihnen inzwischen aus eigener Beobachtung klar geworden ist, wer Ihre Gedanken trotz allem Anschein *nicht* denkt – nämlich Sie – können Sie Ihrem Denken einen Streich spielen: Sie überlassen es sich selbst, *Sie lassen Ihre Gedanken sich selber denken.* Beobachten Sie, welche Leichtigkeit in dieser Phase in Ihren Sinn einzieht.

Achten Sie während dieser Zeit auch auf Ihre Wünsche. Niemand verlangt, Sie sollen sich nichts mehr wünschen. Menschen, die ihre Wünsche und Sehnsüchte unterdrücken, betreiben Lustverzicht zur Schmerzvermeidung (um mit Freud zu sprechen). So entgehen sie Enttäuschungen, weil sie von vornherein unterlassen, etwas zu wollen. Eine solche Geisteshaltung entspricht nicht den natürlichen menschlichen Bedürfnissen. Ich behaupte sogar, ein Mensch, der sich aller Wünsche enthält, tut sich Gewalt an. Und dies nur, damit er hinterher keine Enttäuschungen erlebt. Also: Wünschen Sie sich, was immer Sie wollen, ohne Skrupel, ohne Hemmungen. Da Ihr Denken vorläufig keine Regeln, wie es denken soll, mehr zur Verfügung hat, wird es auch in Bezug auf Ihre Wünsche frei operieren, ohne die üblichen Einschränkungen. Bei Diskussionen frage ich die Menschen gelegentlich, wie sie wirklich gerne leben würden, wenn sie die Wahl hätten. Selten lautet die Antwort: «Ich möchte nicht anders leben, als ich es jetzt tue.» Die meisten Befragten haben Sehnsucht nach mehr materieller Freiheit, einer schöneren Wohngegend, mehr Reisen in ferne Länder, weniger Alltagssorgen, harmonischere Beziehungen und so fort. Wenn ich frage, warum es keiner tut, ist die Antwort logischerweise: «Weil ich es nicht kann.» In erster Linie ist es Geldmangel, gefolgt von familiären Bindungen, Kindern, angeschlagener Gesundheit oder langfristigen Verpflichtungen. Jede Aussage nimmt Bezug auf Kausalitäten: WEIL! **Wenn Sie es fertig bringen, eine Woche nicht**

mehr zu vergleichen, wenn Sie nur Ihre Sehnsucht aus sich hinausströmen lassen in die Welt – dann sind die Gesetze von Ursache und Wirkung in dieser Periode aufgehoben, es gilt nur noch das Jetzt und Ihre nonverbale Botschaft an das Leben.

Ich würde Sie zum Kapitelschluss gerne noch zu einem kleinen Experiment überreden. Dazu braucht es Ihre Erinnerung an Stimmungen, die Menschen unserer Zeit mit ihrem Sinnverlust recht oft heimsuchen. Ich rede von diesem Gefühl von Leere und Inhaltslosigkeit, ja Sinnlosigkeit, das uns manchmal befällt – insbesondere, wenn wir allein mit uns sind. Uns sind diese Gefühle unangenehm, und wen sie heimsuchen, der sieht zu, dass er schnell etwas unternimmt, um sie zu überspielen. Wir stürzen uns in die Arbeit oder zerstreuen uns durch Lesen, Rauchen, einen Drink, Fernsehen, Musik oder wir suchen das Gespräch mit Freunden und Lebenspartnern. Dennoch hat man den Eindruck, dass diese Leere dadurch nicht verschwindet, sie lauert im Hintergrund, bereit durchzubrechen, sobald wir wieder mit uns allein sind. Das Experiment, zu dem ich Sie anregen will, sieht vor, dass Sie das nächste Mal, wenn sich dieses Gefühl von Inhaltslosigkeit wieder einstellt, nichts dagegen unternehmen. Sie treten nicht die Flucht in die Aktivität an, sondern stellen sich diesem Empfinden der Leere. Werden Sie aktiv und machen Sie ein Spiel daraus. Ein Spiel, dem ich den Titel: «Es gibt mich da drinnen gar nicht» geben möchte. Keine Sorge, Sie verfallen dabei nicht in tiefere Depression oder Trübsinn – im Gegenteil, Sie lernen daraus, wie Sie sich dieser Leere aktiv nähern können. Wenn sie uns unvorbereitet anfällt, wirkt sie destruktiv und belastend; wir empfinden sie als feindlich, als ob sie uns aus dem Gemüt das bisschen Glück stehlen wollte, das im Alltagskampf übrig geblieben ist. Versuchen Sie bei diesem Experiment, die sich in Ihnen ausbreitende Leere einmal ausnahmsweise nicht als Ihren Feind zu betrachten. Heißen Sie sie willkommen und freunden Sie sich mit ihr an. Lassen Sie zu, dass dieses von innen her sich ausbreitende geistige Vakuum deutlicher wird, und geben Sie ihm Gelegenheit, seine Botschaft loszuwerden. Sie stürzen dadurch in keinen Abgrund, selbst wenn diese Gefühle scheinbarer Sinnlosigkeit von der Empfindung begleitet werden, als würde sich Ihre Identität samt deren Werten aufzulösen beginnen.

Nichts dergleichen wird passieren. Wenn Sie diese Leere zulassen, hat sie Ihnen etwas mitzuteilen. Diese Nachricht aus der Tiefe Ihres Geistes besagt, dass sich Ihnen der tatsächliche Zustand Ihrer Psyche offenbart, nämlich deren reales Nichtvorhandensein. Statt auszuweichen, zu fliehen, rate ich Ihnen, ein einziges Mal hineinzugehen in diese Leere, sie als Faktum zu betrachten – noch besser ist es, wenn Ihr Denken die Vorstellung unterstützt, dass es drinnen in Ihnen kein Zentrum gibt, aus dem heraus Sie wahrnehmen und leben. Simulieren Sie in Ihrer Phantasie dieses Gefühl der Leere ergänzend zu dem bereits eingetretenen Zustand. Das ist unschwer zu vollbringen, weil Sie etwas in Ihrer Einbildung heraufbeschwören, das tatsächlich vorhanden ist. Richtiger, Sie simulieren den Zustand des Nichtvorhandenseins von etwas, das tatsächlich nicht existiert. Wenn Ihnen das Ergebnis dieser Übung zu gefallen beginnt, wiederholen Sie sie. Beim nächsten Mal, ohne dass sich vorher unaufgefordert Gefühle der Inhaltlosigkeit eingestellt haben, rufen Sie sie selber hervor. Sie werden bei ernsthaftem Experimentieren erleben, dass Sie damit ohne besondere Mühe jenen Zustand herstellen können, bei dem Ihr gesamter Ich-Prozess zu einem Hintergrundrauschen schrumpft und nur noch Ihr unbewegtes Basisbewusstsein die Dinge wahrnimmt. Es ist in dieser Phase kein Beobachter mehr da, der aus einem vom Denken erzeugten Zentrum heraus die Bewegungen des Lebens eher erleidet, als dass er sie unmittelbar, aktiv und hellwach genießt. Spielerisch gleiten Sie so in einen Bewusstseinszustand hinein, um den Anhänger von Meditationsmethoden oft jahrelang ringen – und wenn er sich dort je einstellt, ist er so flüchtig, dass auf Dauer nur ein Schatten dieses Gefühls zurückbleibt. Sie haben die Möglichkeit, ohne Training, ohne Disziplin oder Regeln unmittelbar aus sich selbst heraus, leicht und spielerisch der Wahrheit und damit der Freiheit des Nichthandelns auf die Spur zu kommen. Weil in diesem willkommen geheißenen Zustand der Leere auch diese zwanghaften Reflexe des Bewertens und Vergleichens aus dem Verkehr gezogen sind. Und wenn Sie die Übung öfter starten, beginnt Ihr Hirn zu begreifen, dass es sich so weitaus müheloser handeln und leben lässt. Eines Tages ist Ihre Verblüffung groß, wenn Ihnen aufgeht, dass Sie bereits eine längere Zeitspanne nicht mehr im alten Muster stecken. Es hat sich ohne Ihr Zutun, sogar ohne Ihre Kenntnisnahme die Art und Weise verändert, mit der Sie dem Leben begegnen.

6. KAPITEL

Vom Umgang mit Gefühlen

Als Kind waren wir zu spontanen Gefühlen noch fähig. Ein altes Sprichwort aus dem Volksmund sagt: «Kinder haben Lachen und Weinen in einem Säckel.» Waren wir fröhlich, haben wir gelacht, und wenn wir traurig waren, dann weinten wir eben. Doch bereits diese spontanen Äußerungen von Freude und Leid wurden im Laufe der Erziehung in Bahnen gelenkt, wie sie den Eltern zu ihrer Zeit richtig erschienen. «Ein Junge weint doch nicht» – «Hör sofort auf zu weinen, sonst setzt es noch mehr Prügel» (oder Hausarrest oder Fernsehverbot) – «Sei ernst, da gibt es nichts zu lachen» – «Reiß dich zusammen, so benimmt man sich nicht, du bist kein Baby mehr» – und so weiter. Jeder von uns kennt die zunehmende Reglementierung unserer Gefühlsäußerungen durch besorgte Eltern, die so schnell wie möglich einen halben Erwachsenen aus uns machen wollten. Hinzu kommt der Umstand, dass das kindliche Gemüt viel zu oft gekränkt und verletzt wird. Solche Gefühlseinbrüche in der ganz frühen Kindheit führen sogar später zu Neurosen und psychischen Störungen, die ein ganzes Leben anhalten können, wenn sie nicht therapeutisch behandelt werden. Im Schulalter haben Kinder bereits gelernt, wie sie sich gegen Gefühle des Schmerzes abschotten können, und ihre emotionalen Lebensäußerungen sind zwar noch spontan, aber werden im Verlaufe der folgenden Schuljahre zunehmend kontrollierter. Die Kinder lernen, in ihren Gefühlsäußerungen vorsichtiger zu sein und sie mehr der Erwartungshaltung der Erwachsenen anzupassen. Kurzum: Die Konditionierung unseres Gefühlslebens nimmt zu, je älter wir werden. Mit vierzehn haben die meisten jungen Menschen gelernt, wie man sich gegen Schmerz und Trauer durch Verhärtung abschirmen kann. Der Preis dieser permanenten Abwehrhaltung ist der Verlust der Fähigkeit zu spontaner Freude. Denn es funktioniert nicht, sich nur nach einer Seite des Gefühlsspektrums hin abzuschotten – **mein emotionaler Schutzpanzer gegen Kränkungen und Trauer schirmt mich ebenso vor positiven Gefühlen ab und reduziert meine Fähigkeit, sie auszuleben.**

Noch ein Punkt kommt hinzu: Je älter ein Kind wird, desto funktionsfähiger wird sein Intellekt. Wo das Kleinkind noch ohne Nachdenken seine Gefühle herausließ und ihre Höhen wie Tiefen pur empfand, mischt sich mit zunehmender Lebenserfahrung das Denken ein. Es interpretiert die Gefühle, untersucht sie, ob sie schon mal erfahren wurden, und gibt ihnen ihre Namen. «Ich freue mich», «ich habe Angst», «ich bin glücklich», «ich bin neugierig», «ich bin traurig», «ich hab eine Wut». Das Denken übernimmt zusammen mit der Begriffsbildung die Kontrolle über die Gefühle des Heranwachsenden. Auf diese Weise entsteht das, was der große Psychologe C. G. Jung «Pseudogefühle» genannt hat. Sie unterscheiden sich von den echten, spontanen dadurch, dass sie im Zusammenhang mit Denkvorgängen auftreten und hauptsächlich von Gedanken am Leben erhalten werden.

Ich möchte behaupten, dass der heutige Erwachsene kaum noch zum Erleben echter Gefühle der Freude und des Glücks fähig ist. Selbst im Umgang mit dem Leid sind wir gehemmt. Wir fressen unseren Kummer in uns hinein und können ihn nicht mehr ausleben. Das ist bereits einer der Gründe, weshalb es so viele depressive Menschen gibt, die mit vergangenen Verlusten und Enttäuschungen lange Zeit nicht fertig werden. Sie können den Schmerz nicht mehr wie einst als Säugling aus sich herauslassen, sie versuchen ihm mit dem Verstand beizukommen und drehen sich ständig, vielfach über Jahre, im Kreis. Machen Sie einmal einen kleinen Test: Suchen Sie einen Platz auf, wo niemand Sie hört, und brüllen Sie, so laut Sie können. Wetten, dass Sie Schwierigkeiten haben, selbst diese simple Aufforderung spontan und kraftvoll auszuführen? Sie beschließen, etwas aus sich herauszubrüllen, das Sie bedrückt (und schließlich findet jeder etwas in sich, das ihm Kummer macht oder gemacht hat) – und dann stellen Sie fest, Sie sind zu gehemmt, um nur einen einzigen lauten Ton herauszubringen. Ja, das hat man uns in der Kindheit mit diesem Heul-nicht-Gebot gründlich abgewöhnt.

Da wir es seit der fortgeschrittenen Kindheit vorwiegend mit Pseudogefühlen zu tun hatten, wissen wir im Grunde überhaupt nicht, wie ein echtes Gefühl auftritt, welches Eigenleben es hat und wie es sich auf unser Gemüt auswirkt. Die vom Denken kontrollierten Gefühle werden selbstredend durch Ereignisse oder Erinnerungen ausgelöst, genauso wie es die spontanen tun würden, sofern wir offen für sie wären. Aber das Verhalten von Pseudogefühlen ist ein vollkommen anderes als das der echten, nicht vom Verstand berührten. Das Hauptmerkmal des Pseudogefühls ist der Umstand, dass ich mich daran erinnere, es schon mal gefühlt zu haben – es ist mir bekannt und ich habe einen Namen dafür. Das zweite Merkmal ist der seltsame Umstand, dass ich dieses wiedererkannte Gefühl nur spüre, wenn ich mich in Gedanken damit befasse. Sobald ich eine winzige Denkpause einschalte, ist nichts mehr davon da. Sofern es sich um ein positives Gefühl handelt, bin ich bemüht, es mir zu erhalten, ich möchte, dass es andauert und mich nicht so rasch wieder meinen weniger angenehmen Visionen und Empfindungen überlässt. Also befassen sich meine Gedanken intensiv mit dem Anlass, der das Gefühl ausgelöst hat. Und mit diesem Versuch, es zu verlängern, es festzuhalten, zerstöre ich es vollends. Selbst wenn mir die seltene Gunst des Schicksals ein absolut spontanes Gefühl der Wonne oder des Glücks beschert, wird es auf der Stelle von meinem Denken gekillt, eben durch den Versuch, die Zeitspanne, da ich es fühle, zu verlängern.

Und unser Umgang mit den negativen Gefühlen ist noch katastrophaler: Wir wollen sie so schnell wie möglich loswerden. Also setzt unser Denken sich pausenlos mit der das negative Gefühl auslösenden Situation auseinander, dreht und wendet sie und versucht, das Schmerz auslösende Szenarium in den Griff zu bekommen. Mit dem Resultat, dass wir damit die Qual nur verlängern. Wir haben einen Bekannten, den vor zehn Jahren seine Lebensgefährtin eines anderen wegen verlassen hat. Der Mann hat das bis heute nicht verkraftet, und ich glaube, er ist noch immer damit beschäftigt, den Verlust intellektuell und emotional aufzuarbeiten.

Gefühle, egal, ob sie spontan auftreten und wir sie zuvor noch nie gehabt haben oder ob sie durch Erinnerung oder Gedanken und Grübeleien ausgelöst werden, haben die Eigenschaft, dass sie verschwinden, nachdem wir sie zu Wort kommen ließen. Das heißt, wenn wir sie unkommentiert und uninterpretiert ausleben. **Dann verhalten sie sich wie der Ton einer Glocke: er klingt an, schwingt sich zu seiner vollen Klanghöhe auf – und dann verklingt er allmählich. Zum Schluss ist nichts mehr davon da. Das Gefühl ist aufgetreten, wurde wahrgenommen und gespürt und dann ist es vorbei und es gibt Raum für andere Empfindungen. Würde unser Denken sich nicht in unser Gefühlsleben einmischen oder es im Falle der Pseudogefühle gar maßgeblich bestimmen, gäbe es diese Stimmungsprobleme überhaupt nicht. Dann würden wir im Auf und Ab des Lebens situationsbezogen unsere Gefühle wahrnehmen, uns ihnen öffnen, sie ausleben – und dann wären sie dahin. Fertig.**

Die voraufgegangenen Ausführungen lösen wahrscheinlich eine Reihe von Fragen nach mehr Information über Gefühle aus. Beispielsweise die Liebe, wie verhält es sich damit, wenn Gefühle sich wie ein Glockenton verhalten, ausklingen und fort sind. Wo bleibt da die immerwährende Zuneigung? Oder wie ist es in Fällen, wo der Tod oder Trennung in einer menschlichen Beziehung eine gewaltige, leidvolle Lücke reißt, die nicht so schnell, wenn überhaupt, zu füllen ist? Oder die Frage, was Gefühle denn überhaupt mit dem Tao zu tun haben.

Wenn wir das Fehlen eines real vorhandenen Ich-Zentrums als Tatsache ansehen, erhebt sich die Frage, *wer* unsere Gefühle dann fühlt. Sicher erlebt unser Körper Gefühle mit – wir bekommen Herzklopfen, wenn wir uns freuen, es zieht uns die Kehle zusammen, wenn wir traurig sind, und die Erregung, welche die diversen Emotionen auslösen, ist organisch vielfältig spürbar. Aber wenn wir sagen: «Ich freue mich», ist damit normalerweise der innere Mensch gemeint und nicht allein der Körper. Ähnlich wie bei der Frage nach dem Denker unserer Gedanken stehen wir erneut vor einem Paradox. Wenn wir unterstellen, dass das Denken selbst die Gedanken denkt und während dieser autonomen, von der Außenwelt beeinflussten Prozedur ganz nebenbei das Ich erzeugt, dann scheint in unserem Innenleben niemand vorhanden zu sein, der Gefühle fühlt. Aber wir fühlen andauernd Gefühle und haben den sehr deutlichen Eindruck, dass unser Ich sie hat. Sehen wir uns das genau an: Tatsache ist, dass es Gefühle gibt und dass wir immer welche spüren. Sie dringen Tag für Tag von außen ausgelöst in uns hinein und bewegen unser Gemüt. Ein Merkmal des Menschen unserer Zeit ist der permanente Zustand gemischter, sich widersprechender Gefühle, mit denen er sich durchs Leben plagt. Zuversicht wird von Ängsten verdrängt, diese von Hoffnungen und die Hoffnungen wieder von neuen negativen Emotionen, bis hin zu Niedergeschlagenheit oder Depression. Und Sie spüren überdeutlich, dass nur ein Wesen diese Gefühle haben kann, nämlich Sie selbst, als Ich. **In diesem vom Denken erzeugten Wahn von einem real vorhandenen Ich, das Anblicke sieht, Erinnerungen hat und Gefühle fühlt, verbirgt sich die Wurzel für den größten Teil des Kummers, der uns Menschen den Alltag so freudlos einfärbt.** Ein echtes Gefühl tritt unmittelbar beim Erleben einer

Szene auf – wenn wir unverhofft einem lieben Menschen begegnen, eine gute oder schlimme Nachricht erhalten (oder die Autoscheibe kaputt ist). Es ist spontan und es ist da, bevor unser Denken es aufgreift und etwas damit anzufangen versucht. Es ist früher da, als die Gedanken das Ich dazu erzeugen, dem sie die Illusion unterschieben, es hätte dieses Gefühl. Aber weil wir die gesamte Realität aus dem Rückspiegel erleben, nur um Sekundenbruchteile verzögert, aber lange genug hinterher, dass unsere Gedanken Zeit haben, den Wind zu erzeugen, den wir für unser inneres Ich halten, gelingt es ihm, vor der Nase unseres Bewusstseins das natürliche, echte, spontane Gefühl in die Ich-Prozedur hineinzunehmen und dort weiterzuverarbeiten. Und unser Denken bestimmt, was und wie wir zu fühlen haben. Da ist keine Freiheit des Fühlens vorhanden, nur unsere kruden, verwirrten Gedanken quälen sich ab und ringen um emotionale Klarheit, die ohne Denken gar nicht fehlen würde.

Mit der Frage nach dem Besitzer der Gefühle sind wir einem der Hauptverursacher emotionaler Probleme auf der Spur. Möglicherweise schätzen Sie Ihre Fähigkeit, sich Sorgen zu machen, sogar als notwendig ein, weil Sie womöglich sonst Gefahren für Ihr Wohlergehen übersehen könnten. Diese Auffassung ist weit verbreitet und hat in unserer Gesellschaft zu einer Kultur des Sichsorgenmachens geführt, die absolut verderblich für das menschliche Gemüt ist. Der tragische Irrtum ist die Zuversicht, der Umgang mit Sorgen würde einen Schutzwall erzeugen, der Bedrohungen der Existenz oder der Beziehungen fern halten könnte. Mit Sichsorgen erreicht man nichts, absolut nichts. Aber Sie können damit nicht aufhören, weil Ihr Denken nicht begriffen hat, dass es nichts nützt. Unser Denken bezieht seine Anstöße von außen, wie bereits erläutert, und dort wittert es Bedrohungen unserer Sicherheit – zu Recht oder Unrecht sei dahingestellt – und nun erzeugt es eine Mixtur aus Sorgen, die es definiert, und unserem Ich. Ein eingebildetes inneres Zentrum wird so angefüllt mit Angst vor Not, Kummer oder Einsamkeit. Sehen wir einmal genau hin, was hier passiert: Unser Denken frönt seinem Hobby, sich Sorgen zu machen – und dazu braucht es jemanden, der sie erlebt – das Ich. In Wahrheit erzeugt das Denken ein Zentrum, dessen Identität zu wesentlichen Teilen Sorge ist. Ich habe keine Sorgen, ich bin sie! Und warum kommen wir ihnen so schlecht bei? Weil die Instanz, die sich ihrer Sorge entledigen möchte, selber diese Sorge ist. Das Ich und seine Sorgen sind ein und derselbe Denkvorgang. Wie kann ich aus diesem Teufelskreis herauskommen?

Vorsicht: Ich komme da gar nicht heraus. Wie immer ich es versuche, ich scheitere am erbarmungslosen Kreislauf des Denkens, das meine Psyche zur Intensivstation seiner plumpen Rettungsversuche gemacht hat. Das Denken meint es wohlgemerkt gut, aber es realisiert nicht, was es dabei anrichtet. Doch es gibt Hilfe. Vielleicht haben Sie es bemerkt – die oben beschriebenen Gefühle des Sichsorgens sind Pseudogefühle. Sie sind weder spontan noch echt und sie sind nur vorhanden, solange Sie denken. Wenn Sie eine der empfohlenen Denkpausen für Momente einschalten, sind während dieser Spanne auch Ihre Sorgen verschwunden. Vielleicht haben Sie dann auf der Stelle das seltsame Gefühl, die Felle würden Ihnen davonschwimmen, wenn Sie sich nicht sofort wieder um Ihre Sorgen kümmern, aber gönnen Sie sich trotzdem so oft wie möglich diese Pausen – weil Ihr Hirn mit der Zeit dahinterkommt, wie viel besser dieser leere Zustand ist. Unterhalb der Denkschwelle wohnen die wahren Gefühle. Sie sind wichtig, weil sie über eine Situation oder eine Bedrohung immer die Wahrheit sagen. In Ihrem Kopf mögen die sich sorgenden Gedanken Karussell fahren, tief drinnen spüren Sie, dass kein Grund zur Aufregung besteht, oder wenn Gefahr im Verzug ist, dann lässt Sie die Intelligenz Ihrer echten Gefühle spüren, was bevorsteht und was Sie tun sollen. **Lernen Sie auf die wirklichen**

Gefühle achten. Sie spiegeln sich in Ihrem Bewusstsein, klar, unbewegt und wahr.

Es lohnt sich, nach dem echten Gefühl zu forschen. Die dem Denken entsprungenen Gefühle stammen von der linken Gehirnhälfte, die wirklichen kommen aus der rechten, der kreativen, außerordentlich intelligenten. Die echten Gefühle waren schon immer da, solange Sie leben. Sie klingen an, teilen sich Ihnen mit und entschwinden wieder, still, wie sie gekommen sind. Sie sind unabhängig vom Denken. Mögen Ihre Gedanken angesichts eines Problems anders lauten und ebenso Ihre vom Denken ausgelösten Gefühle. Die Wahrheit sitzt nicht an der Oberfläche. Das echte, spontane Gefühl kommt ohne Ihr Ich aus, es braucht kein Zentrum, aus dem heraus es erst wahrnehmbar wird. Sobald Sie ein Gespür dafür gefunden haben, werden Sie merken, dass selbst in realen Krisen die intelligenten Botschaften echter Gefühle imstande sind, die Pseudogefühle hinwegzufegen. Sie brauchen sich nur zu öffnen, dann spüren Sie, wie die Wahrheit emporsteigt aus der Tiefe Ihres Wesens. Damit gewinnen Sie Einfluss und Macht über Ihre Gedanken – die weiterplappern mögen oder still werden – es wird Ruhe, Frieden und Zuversicht in Ihren Geist einziehen, deren Quelle keine beschwichtigenden Gedanken sind.

Ein Sprichwort sagt: «Die Zeit heilt alle Wunden», aber ich kenne eine Reihe von Menschen, bei denen diese Worte nicht zutreffen. Sie schleppen die Last vergangenen Schmerzes ein Leben lang mit sich herum. Ich denke bei dem Wort Schmerz nicht nur an den Verlust geliebter Menschen, Leid kann vielfältige Ursachen haben. Todesfälle, Existenzverlust, Krankheit, Trennungen, Enttäuschungen, Unglücksfälle, Sinnverlust und eine Menge Ursachen mehr sind imstande, einen Menschen emotional und physisch für lange Zeit aus dem Gleichgewicht zu bringen. Und niemand darf behaupten, die Betroffenen seien an ihrem Elend selber schuld. Das ist nicht wahr. In den meisten Fällen können die Opfer nichts dafür. Gut, viele Tragödien wurzeln in falschen Entscheidungen, aber selbst hier gilt die Entschuldigung, dass die verkehrte Wahl überwiegend aus Unkenntnis und nicht aus bösem, zerstörerischem Willen getroffen worden ist.

Vom Unglück betroffene Menschen neigen dazu, dass sie sich weigern, den alten Zustand emotional aufzugeben. Der wirkliche Schmerz über einen Verlust, das echte Gefühl, äußert sich, wie ich es beschrieben habe. Es klingt an und steigert sich dann zu einem äußerst intensiven Crescendo. Und dann mindert sich seine Intensität bis hin zur Stille. Wenn jemand durch einen Unfall plötzlich den Lebenspartner verliert, ist es nicht damit getan, dass dieser Schmerz über das Geschehen nur einmal auftritt und die Sache damit ein für allemal ausgestanden ist. Verstehen Sie das bitte nicht falsch. Der Unterschied des ausgelebten Gefühls gegenüber dem vom Verstand weiterbetriebenen besteht nicht darin, dass es nur *einmal* auftritt und dann für alle Zeiten verschwindet – es kommt wieder, anders, mit anderen Untertönen, aber es kommt noch eine ganze Zeit lang, wenn der Verlust sich grundlegend auf die Lebensordnung des Betroffenen auswirkt. Bei jeder Gelegenheit, wo man gemeinsam etwas unternommen hat, wenn Erinnerungen anklingen, wenn die Frau die Kleider des Verstorbenen aussortiert, seine Unterlagen sichtet oder Freunde ebenso hilfsbereit wie taktlos Erlebnisse mit dem Toten erzählen. Immer wieder wird sich der Schmerz melden. Und immer wieder sind Sie aufgefordert – auch in allen anderen Fällen, wo Leid über Sie gekommen ist – sich diesem Gefühl uneingeschränkt und ohne Gegenwehr zu stellen. Dann nämlich werden Sie erleben, dass es mit jedem Mal, da es auftritt, sein Gesicht ändert. Der Schmerz wird sanfter, ferner und sein Ausschlag verläuft flacher. Und eines Tages ist es ausgestanden. Trauer und Schmerz sind entschwunden.

Das alles funktioniert so, wie ich es beschreibe – vorausgesetzt, Sie sind bereit, den alten Zustand vor dem Unglück loszulassen. Dann wühlen Ihre Gedanken nicht Tag für Tag Ihr wundes Herz auf. Wer das Prinzip des Loslassens – das nichts mit Treulosigkeit oder Hartherzigkeit zu tun hat – praktiziert, wird sich nicht Jahre später noch im gleichen desolaten emotionalen Zustand wiederfinden wie in den Tagen nach dem Unglück. Wir geben dem Immunsystem unseres Hirns Gelegenheit, den Schmerz zu lindern und ihn zu heilen. Wer so seinen Gefühlen freien Lauf lässt und ihnen gestattet, sich zu entfalten, wird bald auch wieder offen sein für das Leben, das schließlich für ihn weitergehen muss. Viele Menschen verharren in ihrem Unglück und verschließen sich jedem Impuls, wieder ins Leben zurückzukehren. Das sind die dauerhaft Leidenden. Gut, das Schicksal hat zugeschlagen, unerforschlich und nicht nachvollziehbar. Aber dass ich mich anschließend für nichts Neues mehr öffne, das ist dann tatsächlich meine Schuld. Ich habe als Beispiel einen Todesfall gewählt, aber das Gesagte gilt für jede Art von Ursache, die Leid und Trauer erzeugt. Selbst der Bankrott des Geschäftes, das jemand unter ungeheurer Mühe aufgebaut hat, fällt unter die Kategorie des Geschehenlassens. Ich trenne mich emotional vom Verlorenen, lebe meine Trauer aus, so oft sie erscheint – und im Bewältigen der Gefühle durch Ausleben schöpfe ich Kraft für einen Neubeginn. Ein Mensch, der sich mit Verlusten nicht abfinden kann und dem Verlorenen in seiner Phantasie ständig Altäre baut, statt sich dem zu öffnen, was neu auf ihn zukommt, ist der wirkliche Verlierer, denn ihm ist nicht zu helfen.

Und wo bleibt die Liebe?

Ich finde, über kein Gefühl ist seit Urzeiten so viel Wahres, Verlogenes und Verdrehtes geredet und geschrieben worden wie über die Liebe. So sind Begriffe entstanden wie Elternliebe, Gottesliebe, Mutterliebe, Bruderliebe, Geschwisterliebe, Gattenliebe, Liebeliebe und so fort. Ist das nun alles das gleiche Gefühl? Ist es ein echtes, spontan auftretendes? Das aus dem rechten Hirnbereich kommt? Oder kann Liebe als Pseudogefühl auftreten, vom Denken erzeugt und am Leben erhalten? Und gibt es in der Philosophie des Tao so etwas wie Liebe? Fragen über Fragen. Und die Forderungen, wen und was du lieben sollst: die Eltern (womit uns bereits eine schwere Last aufgebürdet ist, denn nicht unbedingt alle Eltern sind liebenswerte Zeitgenossen), den Schöpfer – den keiner kennt, dich selbst? Die letztere Forderung, sich selbst zu lieben, gründet in dem Argument, nur wer sich selber liebe, könne auch Zuneigung zu seinen Mitmenschen entwickeln. Was hat Liebe mit Begehren zu tun, mit Besitzen, Beherrschen? Ist sie ein Tauschobjekt? «Wenn du mich liebst, liebe ich dich auch, aber wehe, wenn du aufhörst, dann liebe ich dich auch nicht mehr.» Die Irrungen und Wirrungen treten bei keinem Gefühl so massenhaft auf wie bei der Liebe. Einfach, weil wir anscheinend zu viel über sie wissen. In Wirklichkeit wissen wir bitter wenig über sie.

Als spontanes Gefühl wirkt sie positiv und beglückend – aber auf die gleiche Weise, wie alle anderen echten Gefühle auch: Sie kommt, erreicht ihren Zenit – und dann klingt sie wieder aus. Betrachten wir einmal, wie sich das auf zwei Menschen auswirkt, die sich kennen lernen und die in Beziehung zueinander treten möchten. Jeder von beiden trägt das Bild in sich, das er von sich im Lauf der Jahre gewonnen hat. Dieses Bild ist selten realistisch, es ist vom Wunschdenken, wie man sich gerne hätte, geschönt. Es trägt die Merkmale des Soll-Zustandes in sich, auf den man zustrebt. Hinter diesem Bild verbirgt sich das Wesen des Einzelnen, wie er wirklich ist. Bezüglich des künftigen Partners gibt es dann noch das Wunschbild, wie man sich diesen vorstellt. Man trägt die Idee von bestimmten, angenehmen Wesenseigenschaften mit sich herum und versucht, sie auf den potentiellen Partner zu projizieren. Bereits vom Ansatz einer Bekanntschaft her herrscht so ein Wirrwarr von Ideen, Wunschvorstellungen und Illusionen. Die beiden stellen sich nun jeder dem anderen so dar, wie sie ihrem Selbstverständnis nach beschaffen sind. Sie offenbaren sich gegenseitig die Eigenschaften, von denen sie hoffen, dass sie den anderen positiv beeindrucken. Und sobald der Schwächere der beiden realisiert, wie sein Gegenüber ihn gerne sehen würde, ist die Versuchung groß, die Selbstdarstellung ein wenig in die Richtung der Erwartungshaltung des Partners zu korrigieren. Was sich im Versuch, eine Beziehung aufzubauen, begegnet, sind nicht zwei Menschen – in erster Linie sind es die Bilder, die jeder von sich hat. Mit der Zeit, nach häufigeren Begegnungen, näherem Kennenlernen, tritt nach und nach der wirkliche Mensch hinter der Maske aus Bildern hervor. Diese Momente der Wahrheit, wo die Illusionen sich aufzulösen beginnen, sind in Beziehungen oft entscheidend und sie bestimmen über ihren Fortbestand oder ihr Ende. Natürlich fließen bei diesem Sichkennenlernen noch viele andere Elemente ein, welche die Qualität einer Beziehung ausmachen. Sexuelle Übereinstimmung, gemeinsame (oder auch interessante kontroverse) Interessen wirken sich aus. Und wie aus dem Nichts ist plötzlich oder eines baldigen Tages die Liebe da. Ein überwältigendes Gefühl der Zuneigung für den anderen tritt hervor, und der Mund spricht die ewigen Worte: «Ich liebe dich.» Alle etwaigen Differenzen aus der Entlarvung der Bildervorstellungen sind vergessen, was die beiden trennen könnte, ist nichts gegenüber diesem neu erwachten Gefühl: Ich liebe dich.

Ist die Liebe zwischen zwei Menschen erst da, erwarten sie, dass die gegenseitige Zuneigung zum Dauerton wird, das heißt, sie soll die Zeit überdauern und wachsen. Inzwischen hat sich das Denken längst des Gefühls bemächtigt. Bei den folgenden Begegnungen ruft es aus der Erinnerung an die Glanzlichter des ersten Zaubers ein Gefühl hervor, das es sich als Liebe denkt. Aber diesen Gedanken wohnt nicht die Stärke der Spontaneität inne, sie bewirken eher, dass die Zuneigung zum anderen Gewohnheit wird. Irgendwann, während eines Zusammenseins mit dem geliebten Menschen merkst du plötzlich, dass überhaupt kein Gefühl mehr für ihn vorhanden ist. Du bist verstört und überlegst, ob es mit der gerade begonnenen Beziehung schon zu Ende geht. Weil du keine Ahnung von der Wirkungsweise richtiger Gefühle hast. Du begreifst nicht, dass die Liebe kommt und geht, wie andere ausgelebte Gefühle auch. Und du weißt nicht, dass mit dieser Leere, die sich bei einem Zusammensein unaufgefordert einstellt, Raum geschaffen wird für neue positive Empfindungen. Wenn man dieses Fehlen der Liebe obendrein noch mitten in einer Auseinandersetzung feststellt, kann es durchaus passieren, dass die ersten Risse entstehen. In solchen Situationen behilft sich das Denken, indem es die verklungenen Gefühle aus der Erinnerung zum Leben erweckt. Die Gedanken argumentieren, wie schön es doch schon miteinander war, wie toll der / die andere doch ist und was man in Zukunft noch alles zusammen erleben und erreichen könne. So baut der menschliche Geist sich Eselsbrücken, auf die er nicht angewiesen wäre, wenn er verstanden hätte, dass Liebe entschwindet, nachdem sie erfahren wurde, aber dass sie sich getreu und zuverlässig erneuert und wiederkehrt, wenn das Denken sich heraushält. Wir haben in der Liebe die Wahl, ob wir sie auf der Schiene unseres Verstandes erleben – was leider meistens geschieht und oft genug zu Enttäuschungen führt – oder ob wir sie jedesmal spontan ausleben, wenn sie hervortritt, ohne den Versuch, sie festzuhalten oder sie zu manipulieren.

Wenn ich einen Menschen so sehen kann, wie er wirklich beschaffen ist, ohne Bilder und Masken, beginne ich ihn zu verstehen – und dann vermag ich ihn wirklich zu lieben. Ohne Wenn und Aber. Und dann ist da ein Gefühl für den anderen, das weder mit dieser aufflammenden Zuneigung und ihrem Entschwinden noch mit vom Denken betriebener Liebe zu tun hat. Wenn ich einen Menschen annehme, wie er innerlich beschaffen ist, mit allen seinen Stärken und Schwächen, seinen Wünschen, Sehnsüchten und Ängsten – dann fehlt in einer solchen Beziehung alles Vergleichen. Ich erlebe den Partner nicht, wie er im Verhältnis zu anderen Leuten ist, die ich kenne, sondern absolut. Und in dieser Sehensweise ist kein Ich vorhanden, das urteilt, bewertet oder korrigiert. Dann verliert auch die Forderung, sich selbst zu lieben, damit ich andere lieben kann, ihren Sinn. Denn da ist kein Ich mehr, das ich lieben müsste. Diese neue, unbekannte Art der Liebe ist **von Dauer**, sie entspringt jenem metaphysischen Weltgrund, den wir Tao nennen. Sie wird vom Verstand nicht registriert, ihre Qualität entzieht sich dem Denken und seinen Manipulationen. Allein in der Stille unseres Grundgefühls als Mensch ist sie wahrnehmbar. Es ist das Phänomen umfassender Zuneigung, das wir Christen als Wesensmerkmal Gottes deuten. Diese Liebe bewertet nicht, wählt nicht aus, klammert nicht an. Sie ist in jedem Augenblick da, in dem das Ich sich zurückzieht und das Denken Pause macht.

Wer in Zukunft stärker seinen Gefühlen leben will, braucht mehr Sensibilität. Das bedingt ein Sichöffnen für **alle** Regungen des Gemütes, Sensibilität schließt die Bereitschaft zum Ausleben der angenehmen wie der unangenehmen, schmerzhaften Gefühle ein. Wir müssen den seit der Kindheit aufgebauten verhärteten Panzer ablegen. Wohl werden wir damit verletzlicher. Doch mit unserem neuen Verständnis, wie Gefühle sich verhalten, wenn sie sich unmanipuliert offenbaren dürfen, halten wir das Mittel in der Hand, wie sich gut mit ihnen leben lässt. Ein Punkt ist interessant und sehr wichtig und er lässt sich ausprobieren: **Wenn Sie Gefühle jeder Art spontan zulassen, hat Ihr Denken gar keine Möglichkeit**

zum Eingreifen, weil es von der Hirnstruktur her gar keinen direkten Zugang zu ihnen hat. Lernen Sie, sich in Zukunft keine Gedanken mehr über Ihre Regungen zu machen. Weisen Sie nichts ab, halten Sie nichts fest. In diesem Bereich hat Denken keine Macht, es sei denn, Sie setzen Ihren Willen ein. Damit erst lebt das Ich auf, das darauf besteht, Gefühle zu fühlen, die schon halb passé wären, wenn Sie sich heraushielten.

Seinen Gefühlen freien Lauf lassen hat die positive Nebenwirkung, dass Sie in der Folge auch jene Signale deutlicher vernehmen, die Ihnen sagen, ob Ihre Entscheidungen richtig oder falsch sind. Im Beachten der Einsichten, die aus Ihrem Basisbewusstsein aufsteigen, gewinnen Sie Einfluss auf die Ungewissheiten des Lebens. Ihr Handeln wird genauer, treffsicherer, fehlerfreier werden. Geben Sie alle Versuche auf, ein besserer Mensch zu werden. Stellen Sie sich Ihrem Zorn oder Hass ebenso wie Ihrer Freude und Leidenschaft. Der Wandel Ihres Wesens kommt auf leisen Sohlen, er wird in der Freiheit von allen Zwängen, wie Sie sein müssen, geboren. Sobald Sie nichts mehr gegen Ihre Gefühle unternehmen und sich (in vernünftigem Rahmen) von ihnen leben lassen, vollzieht sich der innere Genesungsprozess ohne jede Anstrengung Ihrerseits ganz von selbst.

7. KAPITEL

T-a-o ist nur ein Wort mit drei Buchstaben

Wenn wir in die Wahrheit des Ursprungs der Welt eindringen wollen, erleichtert die Trennung von Worten und Begriffen die Sache. Wie bereits erwähnt, hat schon Laotse deutlich gemacht, dass jeder Versuch, den Weltgrund verbal zu beschreiben, scheitern muss, weil er den Kern nicht trifft. Ich habe mit meinen Formulierungen, in denen «der Mensch des Tao» vorkommt oder «der Weg des Tao» selbst gegen jene Regel gesündigt und die Warnung ignoriert, dass meine Beschreibung danebenliegt. Soweit es das verwendete Etikett für das Unbekannte betrifft, stimmt das. Und wenn ich «Tao» durch «Gott» ersetze oder «Brahman» oder «Buddha-Natur», ist es das Gleiche – nur haben die anderen Begriffe mehr als drei Buchstaben. Ich kann auch nicht mathematisch begründen, weshalb ich so sicher bin, dass das menschliche Bewusstsein original das Bewusstsein dieses unbeschreibbaren Grundes ist – das kann spontan oder intuitiv (wenn Ihnen dieses Wort besser geeignet erscheint) erfahren werden. Die Erkenntnis, dass es so ist, stellt sich ein, wenn Sie vorher alle Meinungen und Überzeugungen, wie Gott oder das schöpferische Prinzip beschaffen ist, über Bord werfen. Sogar Ihre Meinung darüber, wie das ausschaut, an das Sie zu glauben sich weigern, gehört auf den Müll. **In Momenten, wo Ihnen Ihr Nichtwissen über das Unendliche glasklar bewusst wird, stellt sich ein Gefühl der Wahrheit ein. Sie spüren plötzlich, wie das Ungekannte Sie berührt, es ist ein Gefühl wie eine Erinnerung aus verklungener Kindheit.** Interessant ist bei Atheisten, dass sie eine sehr klare Vorstellung von dem Wesen haben, an das zu glauben sie ablehnen. Und in der abendländischen Kultur hat man uns während der Kindheit reichlich mit Informationen über den Schöpfer der Welt versorgt, gleichgültig, ob wir uns dafür interessierten oder nicht. Es ist genug hängen geblieben, dass sich unbewusste Bilder einnisten konnten. Selbst für den Agnostiker ist die Vorstellung von einer höheren, kontrollierenden Macht eine Art Garant für den Fortbestand unserer Zivilisation.

Hinzu kommt die Sehnsucht des Menschen nach Spiritualität. Insbesondere angesichts unserer unwiderruflichen Sterblichkeit ist der Wunsch nach Trost und Hoffnung auf Fortbestand sehr verständlich. Es ist so leicht, Menschen eine neue Heilsbotschaft zu verkaufen. Sie mag noch so phantastisch sein und absurde Bedingungen stellen, wenn der versprochene Lohn nur reizvoll genug ist, glauben sie und folgen nach. Deshalb habe ich ein wenig Sorge, wie Sie aufnehmen werden, was ich Ihnen in diesem Kapitel nahe bringen möchte. Denn echte Spiritualität ist nichts Illusionäres, Phantastisches – sie ist real und fast nüchtern, aber sie ist tatsächlich erlebbar, und dies ohne alle Hilfsmittel, wie erbauliche Texte, erhabene Musik oder kontemplative Übungen. Nicht dass ich etwas gegen erbauliche Texte hätte oder gregorianische Gesänge oder Sinfonien von Beethoven, Mahler oder Sibelius. Ich mag Gedichte von Rilke und Präludien von Chopin, aber sie sind kein Ersatz für echte Spiritualität und auch als Stimulans verzichtbar, um die innere Bereitschaft für die Berührung mit der eigenen Tiefe herzustellen. Je mehr Sie sich um Gefühle von Ewigkeit und Unendlichkeit bemühen, um so mehr fließt Ihnen das falsche Pathos von Menschen erfundener Heiligkeit zu. Und wer erst einmal die Flucht in spirituelle Gefühle der genannten Art entdeckt hat, für den kann es zur Droge werden. Diese Pseudospiritualität lässt Sie sofort im Stich, wenn die Realität des Alltags Sie mit neuen Herausforderungen konfrontiert. Sie brauchen immerzu Ermunterung und Stärkung, damit der Gefühlspegel im Lot bleibt oder wieder ins Lot gerät. Mit anderen Worten, Sie geraten in Abhängigkeit von Ideen, Lehren und ihren Verkündern, ganz gleich, ob es über Bücher, Vorträge oder Predigten geschieht. Die Anlehnung der Menschen an scheinbar wegweisende spirituelle Bewegungen ist absolut verständlich. Aber sie steht in krassem Gegensatz zu geistiger Freiheit. Und ohne diese Freiheit eines Geistes, der niemandem mehr nachfolgt, werden Sie niemals das erleben, wonach der Mensch sich noch mehr sehnt als nach Führern, denen er nachfolgen kann: die Berührung mit dem schöpferischen Grund. Wenn jemals eine solche Berührung stattfindet, wird es allein in Freiheit geschehen. Und das Tor dazu, für das Ihr Wissen keinen Schlüssel besitzt, führt nicht nach draußen – es führt in Ihr Inneres.

Wir teilen unser Leben in Bereiche ein, die wir möglichst gegeneinander abschotten. Ein esoterischer Ableger der Psychotherapie, die Psychosynthese, unterteilt den Ich-Prozess sogar in Teilpersönlichkeiten. Das sind Facetten des Ego, deren jede ihre eigenen Wünsche und Charaktereigenheiten besitzt und die in der Regel ständig im Clinch miteinander liegen. Ein leidenschaftlicher Raucher zum Beispiel: Er liebt den Tabakgenuss und ist ein wenig süchtig. Ein anderer Teil von ihm möchte gerne Nichtraucher sein, weil das anerkannt gesünder ist und weil er sich dann als besserer Mensch fühlen würde. Der Raucher in ihm und der Moralist, der gerne aufhören möchte, kämpfen unterschwellig dauernd miteinander. Mit jeder frischen Packung Zigaretten, die er aufreißt, muss er an seinen Wunschtraum vom Nichtraucher denken. So herrscht Konflikt zwischen den sich gegenseitig ausschließenden Strebungen des Individuums. Eine dieser Schubladen, in denen wir unsere Motive verstauen, ist der Wunsch nach einem ethisch ausgeglichenen, spirituellen Leben. Die Vorstellungen, wie ein solches Leben aussieht, sind verschieden, aber ihr Ziel ist klar: Man möchte ein besserer Mensch sein, als man ist und nicht zuletzt Vorsorge treffen für den Fall, dass es eine ewige Gerechtigkeit gibt, welche die Guten am Ende belohnt. Das Prinzip von Lohn und Strafe zieht sich wie ein roter Faden durch die Erdentage des angepassten Menschen. Oft sind die Triebkräfte für Religiosität gar nicht bewusst. Man möchte es einfach einer höheren Macht Recht machen, für den Fall, dass es sie gibt. Und erhofft sich dadurch mehr Gelingen bei seinen Vorhaben. Selbst der in Glaubensdingen recht liberale Buddhismus kommt nicht ohne die spirituelle Drohgeste aus, dem Hinweis auf das Karma. Das ist die Sparkasse in diesem Leben für das nächste oder übernächste (sofern du an Reinkarnation glaubst). Dabei fällt mir eine hübsche christliche Legende ein: Ein reicher Mann war gestorben und kam ans Himmelstor. Dort wurden die Plätze nach dem Guthaben an Geld verteilt, das die Verstorbenen im Himmel hatten. Der Reiche wies auf das beträchtliche Vermögen hin, das er zu Lebzeiten für die Ewigkeit investiert hatte. Er musste sich dann allerdings belehren lassen, dass die himmlischen Guthaben aus jenen Geldern bestanden, die er für *andere* geopfert hatte, nicht für sich selbst. Karma ist so eine Art Guthaben oder Hypothek. Was du im Leben Böses getan hast, wird dir später als Bürde auferlegt. Insofern achten engagierte Buddhisten durchaus auf Wohlverhalten während ihrer Erdentage. Der Taoismus sieht die Sache völlig anders. Von Tschuang tzu (von wem sonst?) stammt der heitere Dialog über Räubermoral (aus: «Das wahre Buch vom südlichen Blütenland»):

Die Gesellen des Räubers Dschi fragten ihn einmal und sprachen: «Braucht ein Räuber auch Moral?»

Er antwortete ihnen: «Aber selbstverständlich! Ohne Moral kommt er nicht aus. Intuitiv erkennt er, wo etwas verborgen ist: das ist seine Größe; er muss zuerst hinein: das ist sein Mut; er muss zuletzt hinaus: das ist sein Pflichtgefühl; er muss wissen, ob es geht oder nicht: das ist seine Weisheit; er muss gleichmäßig verteilen: das ist seine Güte. Es ist vollkommen ausgeschlossen, dass ein Mann, der es auch nur an einer dieser fünf Tugenden fehlen lässt, ein großer Räuber wird.»

Die Lehre vom Tao kennt das Prinzip von Lohn und Strafe nicht. Da du und die Welt ein und dasselbe bist, bist du sowohl das Gute darin wie auch das Böse. Es gibt keine Androhung von Vergeltungsmaßnahmen in einem imaginären Jenseits und der Edle strömt ebenso wie der Bösewicht in jenen unnennbaren Grund zurück, aus dem er hervorgetreten ist. Als Tschuang tzu über den Tod des Laotse schrieb, prägte er den sehr markanten, treffenden Satz: «Was wir ein Ende nehmen sehen, ist nur das Brennholz. Das Feuer brennt weiter.»

Religion und Spiritualität bieten Trost in Lebenskrisen, insbesondere, weil sie Hoffnung geben, dass trostlose Verhältnisse der Gegenwart irgendwann in ein neues, besseres Leben münden. Ohne die Sterblichkeit des Menschen würde es für Religionen keinen Handlungsbedarf geben. Weil der Mensch sein Leben im Grunde nicht versteht, kann er auch den Tod nicht verstehen. Er verlässt sich auf Botschaften, die letztlich auch bloß von anderen Leuten verfasst worden sind. Im Taoismus wird konsequent das Prinzip von der Einheit der Dinge verfolgt, Reinkarnation hat nur insofern Bedeutung, als sie den Zyklus von Werden und Vergehen als natürliche Abfolge erkennt, die das Universum als Ganzes erlebt. Das heißt, an dir stirbt jeder Stern ab, der in einem schwarzen Loch aufgeht oder explodiert, jeder Grashalm, der in der Hitze verdorrt, jeder Mensch, der sein Leben aushaucht – und du wirst wiedergeboren in Gestalt jedes Planeten, der sich neu bildet, und in jedem Kind, das zur Welt kommt. Du bist wohl Teil des Ganzen in dem Sinne, dass du dich als Individuum erlebst, aber in der gleichen Weise *bist* du unteilbar mit dem Tao und ergo mit dem

Universum identisch, weil der Ursprung der Dinge nicht teilbar ist.

Vor Jahren hatte ich einmal an einem Novemberabend ein Gespräch mit meiner damals achtzigjährigen Schwiegermutter. Sie sprach von ihrer Angst vor der Ungewissheit und Endgültigkeit des Todes und ich versuchte ihr meinen Standpunkt dazu zu erklären – ohne besonderen Erfolg, muss ich sagen. Unter dem Eindruck dieses Gespräches habe ich dann eine kleine Geschichte verfasst, die wir ihr zu Weihnachten mit auf den Gabentisch legten. Lesen Sie sie – mehr hätte ich zur Frage des Todes aus taoistischer Sicht nicht zu sagen:

Dialog im Herbst

Droben in der Krone des knorrigen Baumes hing noch ein einzelnes Blatt. Es klammerte sich mit letzter Kraft an den Zweig, dem es im Frühling entsprossen war. Gelb und durchscheinend, ohne eine Spur des einstigen Grüns, bewegte es sich im Wind. Alle anderen Blätter moderten bereits am Fuße des Stammes, strömten als Nährstoff dem Wurzelgeflecht zu, den Kreislauf der Natur vollendend. «Was hält dich noch?», fragte der Baum das Blatt, «lass endlich los und begib dich zur Ruhe.»

«Ich fürchte mich», antwortete das Blatt. «Sobald ich mich hinabfallen lasse, bin ich tot, verrotte drunten mit den anderen.»

«Als der Sturm neulich so viele von euch abriss und hinwegtrieb, hast du dich wohl auch gefürchtet?», fragte der Baum.

«Und wie! Ich habe gezittert und gebebt und jede Sekunde gemeint, nun sei es zu Ende.»

«Was meinst du mit ‹zu Ende›?», fragte der Baum. «Erkläre es mir.»

«Nun, eben zu Ende. Sobald ich den Zweig loslasse oder starker Wind mich fortträgt, ist die Verbindung zu dir unterbrochen. Dann höre ich auf zu existieren. Und davor habe ich Angst.»

«Wie töricht von dir», antwortete der Baum. «Du hast dir den Namen ‹Blatt› gegeben und magst diesen Zweig hier für deinen Ursprung halten. Doch wisse, ‹Blatt› und ‹Zweig› sind nur Worte, Begriffe, sie sind nicht die Wirklichkeit.»

«Wenn ich nicht ‹Blatt› bin und das dort nicht ‹Zweig›, was bin ich dann? Was sind alle die anderen, die im Frühling neben mir gekeimt haben und jetzt dort unten verwesen?»

«Erkenne doch, du bist der Baum. Du bist ich und ich bin du», sagte der Baum. «Und solange ich du bin, kannst du niemals vergehen. Du wirst immer wiederkehren, ja, in Wirklichkeit gehst du auch diesen Winter nicht fort, eben weil du ich bist. Du bist kein losgelöster Teil vom Baum, du *bist* der Baum.»

«Das klingt schön und tröstend», meinte das Blatt, «ich wünschte, ich würde etwas davon spüren, dass ich du bin. Aber da ist nichts, was ich spüren würde. Da ist nur Angst.»

«Solange du dich als Einzelwesen siehst, als Blatt, das abgetrennt vom Ganzen lebt und stirbt, wirst du niemals etwas von der Schönheit wahrnehmen, der Baum zu sein. So lange bleibst du auch abhängig von den Jahreszeiten, du bist gefesselt an den Kreislauf von Keimen und Vergehen. In dem Augenblick aber, da du loslässt, da du aufhörst, dich an die Illusion vom eigenständigen Leben als Blatt zu klammern, wirst du dich unvermittelt als der Baum erfahren. Dann gibt es keine Furcht mehr.»

«Ich glaube, jetzt verstehe ich», sagte das Blatt. «Ich bin du, war es von Anfang an. Ich bleibe der Baum, auch wenn ich jetzt loslasse und vergehe. Was dann dahinschwebt, ist das Blatt, doch ich bleibe, gleite hinein in das Erlebnis, ganz zu sein.»

Das Blatt löste die Verbindung zu seinem Zweig, sanft schwebte es in die Tiefe. Man hätte meinen können, es habe voller Frieden die Augen geschlossen.

Wer den Weg des Tao gehen und sich leben lassen möchte, braucht dazu keinerlei religiöse Gefühle zu entwickeln. Die Spiritualität des Tao ruht in der Erkenntnis der Ganzheit und das Gefühl, das vom intuitiven Wissen um die Einheit zwischen uns und dem Weltgrund ausgeht, ist voller Frieden und Stille. Es ist ein Frieden, der aus dem Bewusstsein entspringt, dass du dich aus dem Existenzkampf heraushalten kannst, sofern du bereit bist, dich der Intelligenz von Te, dem Leben unmittelbar anzuvertrauen. In diesem Urvertrauen in den Lauf der Dinge selbst ist echte Spiritualität vorhanden, die keiner Worte und großer Reden bedarf. Dann fällt es dir wie Schleier von den Augen, wenn du zu begreifen beginnst, dass du das Göttliche, Schöpferische nicht in nebelhafter Ferne irgendwo hinter den Dingen suchen musst, sondern dass es in den Dingen enthalten ist. Das Tao ist das, was von selbst geschieht. Ein einfacher, klarer Satz, aber wird er verstanden? Verstehen Sie, liebe Leserin, lieber Leser, was für eine gewaltige Botschaft er enthält? So wirklichkeitsnah, dass er fast zu einfach wirkt. Das, was von selbst geschieht, ist unser Leben und es geschieht das Universum, in dem dieses Leben stattfindet. Wir suchen hinter dem, was geschieht, immer noch etwas, das dieses von selbst stattfindende Leben bewirkt. Und wir forschen seit Jahrtausenden nach dem Hintergrund, der möglicherweise für das Sichtbarwerden der Erscheinungen unserer Welt zuständig ist und so die Urheberrechte für das Universum und seine implizite Ordnung besitzt. Aber da ist offenbar nichts zu finden. Nichts? Richtig: **NICHTS!** Die Naturwissenschaftler suchen in diesem Jahrhundert nach der universalen Formel oder dem Universalgeist, der für Schöpfung und Leben verantwortlich ist. Und was finden sie? Nun, sie finden nichts. Natürlich gibt es eine Menge Hypothesen, man erfindet ein verursachendes Prinzip, gibt ihm Namen – und damit wird die Geschichte eine Angelegenheit der Philosophen und Religionen. Warum können wir Menschen uns eigentlich nicht damit abfinden, dass die Dinge einfach so sind, wie sie sind? Warum begreifen wir nicht, dass das, was vor unseren Augen geschieht, bereits das ist, wonach wir suchen? Vor unseren Sinnen spielt sich das Leben ab. Wir erleben unsere Welt, und statt damit zufrieden zu sein und den Lebenssinn darin zu finden, dass es stattfindet, suchen wir, metaphorisch ausgedrückt, nach dem «doppelten Boden», wir suchen, solange wir denken können, nach einem Verursacher. Und erkennen in unserer Sehnsucht nach Aufklärung nicht, dass das, was wir erleben, zugleich auch das verursachende Prinzip selber ist, dass sich nicht Ursache und Wirkung auseinandererklären lassen. Wir erleben die Wirkungen, erzeugen sie Tag für Tag selber und suchen die Ursache dafür zu finden, die in Wahrheit mit der Wirkung, dem Stattfinden der Dinge nämlich, identisch ist. In Klartext ausgedrückt: Die Welt und das Leben sind ebenso die sichtbare Wirkung wie die unsichtbare Ursache dafür. Wir tun uns nur so schwer mit dem Verständnis für das Plausible, Naheliegende, weil wir lebenslang der Gehirnwäsche durch die Chefideologen der Sinnsuche ausgesetzt waren. Nur deshalb erscheinen uns die Texte von Laotse und Tschuang tzu und anderen Taoisten wie die Codesprache eines Geheimdienstes. Angesichts unserer intellektuellen Ohnmacht und (unreflektierten) Ratlosigkeit gegenüber den Einflüssen des Lebens können wir uns nicht vorstellen, dass wir das alles selber sind!

Notabene: Als Einstein gestorben war und in den Himmel kam, bat er Gott, er möge ihm doch die Weltformel offenbaren, nach der er zu Lebzeiten vergebens gesucht habe. Gott setzte sich hin und begann die Formel niederzuschreiben, während Einstein ihm über die Schulter sah. «Aber die steckt doch voller Fehler», rief er plötzlich entsetzt. «Da hast du Recht, mein Junge», meinte Gott.

8. KAPITEL

Betrachtungen über das Glück

Gestatten Sie mir, dass ich zur Einstimmung in dieses umstrittene Thema Tschuang tzu in einem längeren Absatz zitiere, den ich ebenfalls dem Buch «Das wahre Buch vom südlichen Blütenland» entnommen habe:

«Nun weiß ich nicht, ob das, was die Welt tut, was sie für Glück hält, tatsächlich Glück ist oder nicht. Wenn ich das betrachte, was die Welt für Glück hält, so sehe ich wohl, wie die Menschen in Herden diesem Ziele nachstreben und ihr Leben in die Schanze schlagen, als könnte es nicht anders sein, und alle sprechen, das sei das Glück. Aber Glück und Unglück liegt für mich noch nicht in diesen Dingen. (Was mir am Herzen liegt), das ist, ob es tatsächlich Glück gibt oder nicht. **Ich halte das Nicht-Handeln für wahres Glück**, also gerade das, was die Welt für die größte Bitternis hält. Darum heißt es: Höchstes Glück ist Abwesenheit des Glücks, höchster Ruhm ist Abwesenheit des Ruhms. Recht und Unrecht auf Erden lassen sich tatsächlich nicht bestimmen. Immerhin, durch Nicht-Handeln kann Recht und Unrecht bestimmt werden. Höchstes Glück und Wahrung des Lebens ist nur durch Nicht-Handeln zu erhoffen. Ich darf wohl noch weiter darüber reden. Der Himmel gelangt durch Nicht-Handeln zur Reinheit; die Erde gelangt durch Nicht-Handeln zur Festigkeit. Wenn so die beiden in ihrem Nicht-Handeln sich einigen, so entsteht die Wandlung aller Geschöpfe. Unsichtbar, unfasslich gehen sie aus dem Nicht-Sein hervor, unfasslich, unsichtbar sind im Nicht-Sein die Ideen. Alle Geschöpfe in ihrer unerschöpflichen Fülle wachsen aus dem Nicht-Handeln hervor. Darum heißt es:

Himmel und Erde verharren im Nicht-Tun, und nichts bleibt ungetan. **Und unter den Menschen, wer vermag es, das Nicht-Tun zu erreichen?**

Was an Weisheit in diesem einzigen Absatz steckt, würde allein ein Buch füllen, wollte man ihn bis in alle Einzelheiten erklären. Machen Sie einmal den Versuch und fragen Sie Ihre Freunde und Bekannten, was sie unter Glück verstehen oder welche Dinge sie glücklich machen würden. Sie werden vielschichtige Antworten bekommen, je nach Lebenssituation und Temperament der Befragten. Die Aussagen lassen sich dennoch zunächst in zwei Hauptkategorien aufteilen: Leute, deren Glückserwartung mehr allgemein ausgerichtet ist, wie Gesundheit, Geld, Friede, Erfolg – und andere, die ins Detail gehen, deren Vorstellung von Glück mehr Bezug auf unmittelbar zu erreichende Ziele ausgerichtet ist: ein neues Auto, ein anderer Mann, ein besseres Haus, Beförderung in der Firma, mehr Umsatz, Reisen in ferne Länder und so weiter. Und beantworten Sie sich selbst die Frage, was Sie sich unter Glück vorstellen und in welche der beiden Kategorien Ihre Wünsche fallen. Tschuang tzus Betrachtungen lassen deutlich durchblicken, welche Zweifel er hegt, wenn von Glück und Unglück die Rede ist. Der Volksmund neigt dazu, von Menschen, denen alles zu gelingen scheint, zu sagen: «Die haben Glück», und andere, denen so etliches danebengeht, nennen sie «Pechvögel». Nun ist Gelingen oder Misslingen in der Tat keine Frage von Glück oder Pech, es wäre zu einfach, den Lauf menschlicher Geschicke auf diesen primitiven Nenner zu bringen. Gelingen und Misslingen sind unter anderem Folgen von richtig oder falsch getroffene Entscheidungen – richtiger: von intelligenten oder unintelligenten Handlungen. Tschuang tzu projiziert Glück in das Prinzip des Nicht-Handelns hinein. Sehen Sie, wir müssen ein Leben lang Entscheidungen treffen. Die meisten davon sind in ihrer Auswirkung auf unsere Lebensqualität unwichtig, andere hingegen können Weichen stellen für die Zukunft. Eine verkehrt getroffene fundamentale Entscheidung kann sich im Extremfall auf das ganze künftige Leben auswirken. Mancher ist über Nacht verarmt, weil er einem «todsicheren» Tipp gefolgt ist und sein ganzes Vermögen auf eine Karte gesetzt hat. Oder jemand hat sich einem Partner – privat, geschäftlich, spirituell – anvertraut, der ihn binnen kürzester Frist um alles gebracht hat, was er besaß.

Der Zustand unserer gegenwärtigen Lebenssituation ist die mittelbare Folge früher getroffener richtiger oder falscher Entscheidungen. Und wer könnte von sich sagen, er hätte noch niemals danebengegriffen, als er einen Beschluss gefasst hat. Glück haben im Sinne der Lehre vom Tao besagt, dass der Mensch, der diesen Weg einschlägt und seinen störanfälligen Entscheidungsapparat möglichst wenig benutzt, ein großes Maß von Risiken entfernt hat und sorgenfreier, ergo glücklicher ist. Er hat auch begriffen, dass Anhaften an Erfolg, Ehre oder Besitz niemanden glücklich macht. Auch erfüllte Wünsche lassen einen im Stich, sobald man das Begehrte erreicht hat. Denken Sie einmal nach: Ist es nicht so, dass Sie sich lange Zeit um ein Ziel bemüht haben, darum gekämpft, vielleicht sogar intrigiert, ein Ziel, dem ein großer Teil Ihrer Gedanken gegolten hat, das Sie selten aus dem Auge verloren haben. Und dann war es soweit – Sie hatten gewonnen, Ihr großer Wunsch war Wirklichkeit geworden. Plötzlich spürten Sie außer ein wenig Triumph nichts mehr von dem Hochgefühl Ihrer phantasierenden Gedanken, mit denen Sie sich Bilder vom Gewünschten ausgemalt und sich vorgegaukelt hatten, was für ein Glück das sein müsse, wenn es endlich erreicht sei. Sie haben sich dann vielleicht gesagt: «Nun ja, es hat einfach zu lange gedauert, es war ein zu harter Kampf, und nun bin ich viel zu ausgebrannt, um mich noch richtig darüber zu freuen.» In Wahrheit ist etwas anderes geschehen. Während der Zeit des Strebens, da Sie Ihrer Vision nachjagten, hat Ihr Denken sich ideell mit der Sache befasst. Und weil Ihr Ich ebenfalls eine Idee des Denkens ist, bestand Harmonie zwischen Wunsch und Wachträumen Ihrer Gedanken. Beides, Ihre Träume und Ihr Ich, sind reine Denkvorgänge, nicht die Wirklichkeit. Sobald ein solcher Traum dann zur Realität wird, passt er nicht mehr in das ideelle Muster vom Ich und seiner Vision. Das endlich eingetretene Ereignis kann vom Ich nicht in der gleichen Weise beglückend erfahren werden, wie zuvor die Wunschträume. Vielleicht erinnern Sie sich, dass Sie alsbald nach einem erreichten Ziel Umschau nach anderen Horizonten hielten. Sie planten den nächsten Schritt und redeten sich ein, dies sei nur die konsequente Fortsetzung der endlich eingetretenen Erfolgssträhne. Tatsächlich haben Sie bloß normal und allzu menschlich auf den Verrat des Glücks reagiert. Sie konnten sich schließlich nicht eingestehen, wie leer das erreichte Ziel Sie ließ, wie enttäuschend die Gefühle plötzlich waren, von denen Sie sich so viel Glück erhofft hatten.

Ein endlich erreichtes Ziel, ein erfüllter wichtiger Wunsch erzeugen, wenn sie orthodox, also nach der gewohnten Methode des Wollens und Kämpfens gewonnen wurden, eine andere unangenehme Nebenwirkung: die Sorge, das Erlangte wieder zu verlieren. Obwohl der Erfolg dich betrügt und innerlich um die Freude bringt, hat er dich doch genug gekostet, als dass du ihn leichtfertig wieder aufs Spiel setzen möchtest. Man hat etwas erreicht im Leben, und nun vermehrt der Gewinn an Qualität die Anstrengungen, es zu behalten. Ich darf noch mal Tschuang tzu zitieren (aus der gleichen Quelle):

«Die Reichen mühen sich ab in harter Arbeit und sammeln viele Schätze, die sie doch nicht aufbrauchen können. In ihrer Sorge für das Leben haben sie sich an die Außenwelt verloren. Die Vornehmen fügen die Nacht zum Tag, um darüber nachzudenken, was sie fördert oder hindert. **In ihrer Sorge für das Leben werden sie sich selber fremd.**»

Ganz anders benimmt sich das Glück, wenn sich Erfolg und Gelingen aus spontanen Handlungen ergeben. Verstehen Sie bitte richtig: Niemand sagt, Sie sollten sich nichts mehr wünschen oder nicht mehr über Wünsche und Pläne nachdenken oder überhaupt keinen Blick mehr nach vorne werfen. Das wäre, als ob Sie wie ein Jagdhund auf der Pirsch mit der Nase auf dem Boden einer Fährte folgen würden. Im Jetzt leben heißt, dass Sie sich beim Blick in die Zukunft klar darüber sind, dass dies *jetzt* geschieht und dass Zukunft gleichfalls irgendwann *jetzt* stattfindet. Kein Mensch, der die Prinzipien taoistischer Lebensweise versteht, verzichtet deshalb auf den Blick zu fernen Horizonten oder hört auf zu planen. Er geht nur anders mit seinen Wünschen und Vorhaben um. Ich nenne es gerne das Prinzip der nicht betriebenen Wünsche. Das meint, dass ich mir allezeit alles Mögliche wünschen darf und kann. Nehmen wir ein Beispiel: wie Rolf in der erzählten Geschichte begegne ich eines Tages unversehens dem Auto meiner Träume. Es ist wunderschön, technisch ein Meisterwerk – und teuer genug, dass ich es mir nicht leisten kann. Der Wunsch klingt in mir an, wie ich es von echten Gefühlen beschrieben habe – und so spontan, wie er auftritt, ist er dies auch. Ich lasse zu, dass er sich in mir entfaltet, ich gestatte ihm aufzublühen und sehe dabei zu, wie er wieder verweht. Ich vermeide es, auf der Stelle zu argumentieren und mir einzureden, dass ich mir so etwas niemals werde leisten können, und ich grüble auch nicht darüber nach, wie die Sache vielleicht doch finanzierbar wäre. Ich wünsche spontan, was in mir anklingt, und mache mir gar keine Gedanken darüber. Hoffnungslos oder nicht, ist dabei egal. Wer so mit seinen Wünschen umgeht, vermeidet alle Anstrengung. Weil er den Wunsch nicht betreibt, sondern ihn nur in sich zur Auswirkung kommen lässt. Er fantasiert nicht damit herum, macht ihn nicht zum Inhalt seiner Tag- und Nachtträume, redet nicht pausenlos zu jedem darüber, der es hören oder nicht hören will. Aber er tut ungewollt und unbewusst etwas anderes: Er lässt seinen Wunsch in der Stille des Nicht-Handelns fortwirken. Damit ist sein Begehren bei einer Instanz angelangt, die sich von Kausalitäten wie Geldmangel oder Aussichtslosigkeit nicht einschüchtern lässt. Der nicht betriebene Wunsch intensiviert Tendenzen von Ereignissen, die sonst wahrscheinlich nicht an die Oberfläche kommen würden. Wenn dann ein derartiger Wunsch Wirklichkeit wird, löst er Glück und Freude aus. Denn er hat sich im Dialog zwischen Denken und Ich nicht bereits in der Vorstufe verbraucht, das Ereignis tritt unerwartet und ebenso spontan ein, wie der Wunsch aufgetreten ist, und der Mensch des Tao erlebt die Erfüllung unmittelbar.

Wer nach dem alten, vertrauten Muster handelt und seinem Verlangen nach Erfolg nachgeht, ist auf «glückliche» Umstände für das Funktionieren seines Handelns angewiesen. Dass die alltäglichen Routinen meist reibungslos ablaufen, verdanken wir vor allen Dingen ihrer Wiederholung. Unsere Erfahrung bewegt sich auf fest eingefahrenen Gleisen und da die Natur selbst dazu neigt, Vorgänge zu wiederholen, passiert uns wenig, wenn wir uns innerhalb der Grenzen unseres Wissens bewegen. Wir leben mit den Schranken unserer Kenntnis der Dinge. Jede einigermaßen wichtige Information, an der sich unser Handeln allgemein orientiert, bildet einen Grenzpfahl, der den Radius unserer Entfaltungsmöglichkeiten markiert. Stellen Sie sich ein endlos weites Feld vor (wie man sie auf Bildern von Sibirien und Amerika manchmal sieht). Dieses Feld ist das Leben mit seinen Möglichkeiten. Und mitten auf diesem Feld hat nun jemand einen Kreis aus Zaunpfählen abgesteckt. Diese Pfähle stehen symbolisch für unser intellektuelles Potenzial zur Bewältigung des Daseinskampfes. Und der so abgegrenzte Innenraum ist der Bereich, in dem sich unser Leben abspielt. Selbst in dieser für unser Gefühl vor Fehlern geschützten Zone sind wir auf Glücksumstände und Zufälle angewiesen, wenn uns mehr als die mechanischen Routineabläufe gelingen sollen.

Diese Begrenzungen unserer Existenz und unseres Handlungsspielraumes hat unsere Erfahrung festgelegt – sie bilden zugleich die Grenzen unserer Freiheit. Wir merken das oft schmerzhaft, besonders, wenn spontan Wünsche auftreten und unsere Gedanken sich wenig optimistisch mit Realisierungsmöglichkeiten beschäftigen. Da wird deutlich, wie eng die Grenzen unseres individuellen Freiraumes sind. Dann spekulieren wir auf glückliche Fügungen, die sich zwar manchmal einstellen, aber im Großen und Ganzen müssen wir häufiger entsagen, als dass wir etwas erreichen.

Das Maß der Unfreiheit des Handelns wird unmittelbar durch die Begrenztheit von Wissen und Erfahrung bestimmt. Entscheidungen nach dem alten Muster sind immer auf ein bisschen Glück angewiesen – das meint Tschuang tzu, wenn er diese Art von Glück als Unglück bezeichnet. Das Unglück ist das Angewiesensein auf Glück für das Gelingen – und das ist wirklich nicht das Glück, von dem der Mensch träumt. Im Nicht-Handeln überschreiten wir den abgesteckten Kreis unserer Möglichkeiten. Das ganze grenzenlose Feld wird für den, der Wissen und Erfahrung bei seinen Entscheidungen beiseite lässt, zum Lebensraum. Da fehlt das Unglück der durch eigene Unzulänglichkeit vorhandenen Beschränkungen. Und dann sind Erfolg und Gedeihen keine Glückssache mehr.

Nicht-Handeln wird möglich, weil Sie erkannt haben, dass Ihre Kenntnisse zum genauen Entscheiden und Handeln nicht ausreichen. Vergegenwärtigen Sie sich die Fehlerquote, die Ihnen jedes Jahr zu Sylvester beim Rückblick auffällt, wo Sie alle Jahre wieder etliche Dinge anders anpacken würden, wenn Sie die Zeit zurückdrehen könnten. Die Einsicht in die Unzulänglichkeit unserer intellektuellen Fähigkeiten liefert Grund genug, es einmal anders zu versuchen. Sie beobachten künftig die Herausforderungen des Lebens mit mehr Aufmerksamkeit, objektiv, neutral. Sie halten Ihre Vorurteile zurück und lassen die Dinge selbst zu Wort kommen, damit sie Ihnen den wahren Sachverhalt offenbaren. Und dann warten Sie ab, was die Intelligenz aus der Tiefe Ihres Wesens anregt. Ihre Gedanken mögen weiter am Werk bleiben – Sie brauchen ja nicht tun, was sie Ihnen suggerieren. Unterhalb der Denkschwelle spüren Sie in dieser Geisteshaltung, was richtig und was falsch ist. Wenn Sie den rechten Beschluss fassen und in die Tat umsetzen, erleben Sie jenes Glücksgefühl, das die Harmonie zwischen Ihnen und Ihrer Welt bestätigt. Das ist wirkliches Glück.

Außerdem ist Glück in erster Linie ein Gefühl: «Ich bin so glücklich, dass Mutter wieder gesund ist», oder: «Wie glücklich macht es mich, dass du mich ebenfalls liebst.» Glück verhält sich wie der Klang der Glocke – es offenbart sich, wird unmittelbar erlebt und klingt leise aus. Erleben Sie es so und versuchen Sie nicht, es fest zu halten. Halten Sie das Gefühl lose in den Händen wie einen zarten Vogel. Er mag noch so zutraulich sein, wenn Sie ihn zu fest umklammern, kommt er nicht mehr zu Ihnen zurück.

9. KAPITEL

Experimente

Neben verschiedenen Anregungen, wie Sie sich dem Weg des Tao durch kleine, unaufwendige Übungen nähern können, haben wir uns bis hierher einzig durch Worte verständigt, es wurden also Ideen ausgetauscht. Ich muss mich Ihnen notgedrungen auch in diesem Kapitel verbal mitteilen, aber die einzelnen Abschnitte sollen Ihnen helfen, von der Idee wegzukommen. Die wirklichen Ereignisse und Erscheinungen sind immer schon da, *bevor* unser Denken sie aufgreift und sie für uns erlebbar macht. In unseren Köpfen herrscht die Monokultur des Verstandes, unsere Gefühle dürfen sich nur unter seiner Kontrolle regen, und Botschaften aus unserem rechten, kreativen Hirnbereich dringen nur äußerst spärlich zu uns durch. Das wird sich niemals ändern, solange wir neu gewonnene Erkenntnisse bloß zu unserem gespeicherten Wissen als Information hinzuladen. Und die Gefahr, dass das passiert, ist vorhanden, weil unsere Reflexe, Gelerntes zu speichern, seit der Kindheit trainiert und in Betrieb sind. Außerdem besteht ein großer Teil unseres alltäglichen Lebens in Wiederholungen. Wer nicht gerade einen Beruf ausübt, der ihn schöpferisch fordert, ist in diesem Bereich unter Umständen über Jahrzehnte in Routinen gefangen, denen er erst im Rentenalter entkommt. Und privat ist es wenig anders. Wir haben unsere Gewohnheiten entwickelt: unsere Art zu reden und zu denken, unsere festgefahrenen Überzeugungen, unsere Vorurteile, Zu- und Abneigungen und die unregistrierte Mechanik, wie wir unsere Freizeit verbringen. Sogar in unsere Liebesbeziehungen, beim Austausch von Zärtlichkeiten haben sich Mechanismen eingeschlichen, sodass wir (mit Varianten) dazu neigen, immer wieder die gleichen Handlungen zu wiederholen. Achten Sie einmal darauf, ob es nicht stimmt. Dadurch bilden sich die Zellverbände unseres Hirnes mit jeder Wiederholung immer stärker aus. Dort, wo unsere Alltagsroutinen installiert sind, weisen die Neuronennetze sehr starke «Verkabelungen» auf. Sie können sich das so vorstellen, als ob jedes Mal, wenn Sie von Ihrem Anschluss aus mit Ihrer Mutter telefonieren, ein weiterer neuer Leitungsdraht gelegt wird, so dass mit der Zeit der Kabelstrang zwischen den beiden Apparaten immer dicker wird. Im Gegenzug wird dieses Leitungsbündel abgebaut, wenn die Telefonkontakte seltener, sporadischer werden. So geschieht es auch, wenn Sie sich an bestimmte Erfahrungen besonders häufig erinnern, dass die Verfügbarkeit *dieser* Gedächtnisinhalte stärker präsent ist als die anderer Erinnerungen. Bei Dingen, an die Sie jahrelang nicht mehr gedacht haben – zum Beispiel, welche Farbe die Fassade Ihres Elternhauses hatte –, werden Sie Mühe haben, sich daran zu erinnern.

In unseren Experimenten geht es nun darum, aus der Routine herauszukommen, sie aufzubrechen und womöglich dafür zu sorgen, dass das Hirn seine durch Gewohnheit verhärteten Neuronennetze zu lockern und teilweise aufzulösen beginnt. Ein Punkt erscheint mir in diesem Zusammenhang wichtig zu erwähnen: Je mehr unser Gehirn in Routinen erstarrt, desto stärker altert es, weil es keinen Anlass sieht, seine Zellen zu erneuern und zu verjüngen. Vor ein paar Jahren saßen meine Frau und ich einmal mit zwei Frauen beim Kaffee zusammen und sprachen über unsere Eltern. Es stellte sich heraus, dass bei allen vier anwesenden Personen, uns, die Gastgeber eingeschlossen, ein Elternteil im hohen Alter im Zustand totaler geistiger Verwirrung gestorben war. Dieser geistige Abbau mit zunehmendem Alter ist kein unentrinnbares Schicksal. Unser Gehirn ist fähig, seine Zellverbände zu regenerieren und zu erneuern, wie der Körper es auch mit dem anderen Zellgewebe tut. Voraussetzung ist freilich, dass wir uns von unseren Gewohnheiten trennen, auch um den Preis der Aufgabe von Verhaltensmustern, die uns eine gewisse Sicherheit gewähren. Mit den folgenden Experimenten möchte ich Sie veranlassen, sich dem Leben für jeweils kurze Zeit weniger geschützt, weniger routiniert, weniger erfahren und selbstgefällig zu stellen.

Zweierlei Arten von Lernen: Wir sind gewohnt, uns zu konzentrieren, wenn wir etwas auswendig lernen müssen. Auswendiglernen verlangt Wiederholungen – ich erinnere mich noch an die Schulzeit, wo wir im Deutschunterricht Gedichte aufsagen mussten und wie ich mir einzelne, noch nicht richtig sitzende Verse vor der Stunde aufsagte, falls ich zum Zitieren aufgerufen werden sollte. Das Prinzip des Nicht-Handelns erleichtert auch die Lernvorgänge, bei denen wir darauf angewiesen sind, dass wir das Gelernte im Gedächtnis verankert und parat haben, z. B. wenn im Beruf Formeln oder die Reihenfolge von Arbeitsabläufen beherrscht werden müssen. Was ich in diesem Abschnitt vorschlage, sind Empfehlungen für einen leichteren Umgang mit dem Lernen. Vielleicht haben Sie Lust, die eine oder andere auszuprobieren. Aber strengen Sie sich bitte nicht an dabei, es muss federleicht gehen, und das geschieht, wenn Sie gar nicht den Wunsch haben, etwas dazuzulernen. Motivlosigkeit ist der Schlüssel zur Schwerelosigkeit von Lernvorgängen. Es ist wie in der Meditation: Je weniger Sie erreichen wollen, desto positiver wirken sich Phasen der Stille auf Ihr Gemüt aus.

Ich habe festgestellt, wenn ich mir beispielsweise eine Telefonnummer ein einziges Mal eher beiläufig anschaue, kann ich sie mir in den meisten Fällen leichter merken, als wenn ich sie mir krampfhaft einzuprägen versuche. Konzentration erzeugt Reibungsverluste, weil ein Teil der zum Lernen verfügbaren Energie in der Mühe verbraucht wird, sich etwas zu merken. Ohne den Aufwand des Sichkonzentrierens fließt die zu lernende Information wie von selbst, fast unbewusst ins Gedächtnis ein. Probieren Sie es aus. Es kann sich bei Ihren Versuchen um alles Mögliche handeln, um Vokabeln einer fremden Sprache, Adressen, Wegbeschreibungen, Wissensstoff für ein Examen, Vorlesungsthemen und vieles mehr. Insbesondere bei Wegbeschreibungen stelle ich oft fest, dass das verkrampfte Bemühen, mir zu merken, was auskunftwillige Leute mir sagen, den Effekt hat, dass ich an der nächsten Ecke wieder fragen muss. Ein Teil der Auskunft ist mir entglitten (insbesondere, wenn ich im Ausland in einer mir ungewohnten Sprache kommunizieren muss). Machen Sie einige Tests und fragen Sie Leute um Auskunft nach dem Weg und geben Sie sich keine Mühe, sich die Informationen einzuprägen. Hören Sie ganz locker zu und lassen Sie das Gesagte auf sich einwirken. Je weniger wichtig Ihnen das Ergebnis ist, desto müheloser wird es Ihnen im Gedächtnis bleiben. Analog verfahren Sie mit jedem Stoff, den Sie lernen wollen. Versuchen Sie es spaßeshalber auch mal mit einer Ihnen unbekannten Fremdsprache; nehmen Sie ein Bändchen mit dem Titel «Arabisch in dreißig Tagen» oder Italienisch oder Polnisch. Es wird Ihnen Freude machen, wie leichtgängig es sich lernt, wenn es Ihnen nicht so wichtig ist, wenn Ehrgeiz nicht die Motivation von Lernvorgängen ist. Darf ich wiederholen: Sie nehmen Texte oder Worte einfach ohne den Versuch, sie zu speichern, zur Kenntnis. Der Effekt ist, dass Sie so ohne Anstrengung sogar Lernhemmungen unterlaufen können, die sonst auftreten, wenn Sie sich vorsätzlich Informationen einzuprägen suchten.

Die zweite Art des Lernens ist neu für Sie: Bei ihr geht es nicht darum, sich Inhalte zu merken und sie zur Wiederverwendung im Hirn zu speichern – es ist ein Lernen, das nur zur einmaligen Verwendung dient. Beim Nicht-Handeln haben Sie sich den spontanen Impulsen Ihrer kreativen Hirnfunktionen geöffnet. In der aufmerksamen Wahrnehmung der äußeren und inneren Vorgänge bildet sich unwillkürlich Wissen und teilt sich Ihnen mit. Dieses Wissen dient einzig dem Zweck, in einen akuten Vorgang *jetzt* einzugreifen. Solche Nachrichten sind Momentaufnahmen, die nur für den vorliegenden Fall gelten. Selbst wenn sich die wahrgenommene Situation morgen oder übermorgen wiederholt, hat das, was Sie beim ersten Auftreten empfunden haben, keine Gültigkeit mehr, weil die Welt im Fluss ist und die Dinge sich in den folgenden Tagen bereits verändert haben. Die Information aus Ihrer Tiefe ist brandneu und aktuell und ihr Wert für Sie gilt nur heute. Deswegen zeichnet das Hirn solche Signale gar nicht auf und es bilden sich keine Matrizen. Daher können Sie sich an Erlebnisse von spontanen Eingebungen hinterher nicht mehr erinnern. Es hat sie gewiss in der Vergangenheit gegeben – die Intelligenz des Lebens versucht ständig, sich den Menschen mitzuteilen, aber sie sind zu voreingenommen, zu vernagelt, um es zu bemerken. Deshalb existieren in der Erinnerung keinerlei wiederverwendbare Erfahrungen über das Wirken unserer Spontaneität. Was von diesen vereitelten Versuchen in unserer Tiefe zurückbleibt, ist ein Gefühl von leiser Enttäuschung über das Leben, das so unnahbar an uns vorbeiströmt.

Dieses dynamische Lernen sieht keine Erweiterung des Gedächtnispotenzials vor. Sie gewinnen eine neue Erkenntnis auf die beschriebene Weise und begreifen, dass Sie damit etwas wie eine Einwegflasche in Händen halten, die nach Gebrauch fortgeworfen wird. Sobald Sie achtsamer auf Ihr Leben schauen, wird Ihnen das Phänomen dieser flüchtigen Einsichten auffallen und Sie erinnern sich vielleicht an frühere Fälle, wo Ihnen unversehens wichtige Durchblicke wieder entglitten sind, ehe Sie sie sich merken oder notieren konnten. Es liegt in der Natur der Spontaneität, dass sie Fortdauer nicht kennt, sie erneuert sich permanent wie das Leben und offenbart sich jedesmal mit einem anderen Gesicht. Deswegen ist das Vergessen solcher Eindrücke kein Signal für beginnende Altersschwäche, es ist naturbedingt.

Spontan lernen heißt, mit den Dingen gehen und nicht verweilen. Wenn Sie auf der normalen Schiene Informationen speichern, verschreiben Sie sich der Vergangenheit. Sie bewahren Kenntnisse für den Rückspiegel auf, in den der Mensch so starr blickt, wenn neue Probleme auftauchen. Er versucht den Herausforderungen von heute mit den Kenntnissen von gestern beizukommen. **Lassen Sie sich bitte durch den umfangreichen Text nicht irritieren und versuchen Sie nicht, sich ihn zu merken. Ihn spontan zu verstehen, ist bereits eine implizite Übung.** Lesen Sie, nehmen Sie das Geschriebene zur Kenntnis – aber tun Sie es auf keinen Fall konzentriert und geben Sie sich keine Mühe, sich etwas davon zu merken. Sie werden nach der Lektüre feststellen, dass kaum etwas in Ihrem Kopf hängen bleibt. Das schadet nichts, es ist sogar so beabsichtigt. Denn spätestens beim nächsten Anlass, wo ihre Intelligenz gefordert wird, ist es da, das Phänomen des nicht speichernden Lernens. Begreifen stellt sich ein und Sie handeln – und vergessen das Rezept, nach dem Sie entschieden haben, auf der Stelle wieder. Geben Sie alle Ängstlichkeit auf, wichtige, für das nächste gleiche oder ähnliche Ereignis notwendige Kenntnisse könnten Ihnen verloren gehen. Das ist sowieso immer unser Problem, dass wir fürchten, etwas zu verpassen, wenn wir uns die Fakten nicht merken.

Zum Auffinden von Wasseradern, Bodenschätzen, Leitungsrohren und anderen verborgenen Installationen wird gerne ein Pendel oder die Wünschelrute verwendet. Oder Leute befragen das Orakel, indem sie Tarotkarten legen oder Münzen werfen. Das Pendel, die Rute, die Karten und Münzen wissen über die erfragten Dinge überhaupt nichts. Das Wissen steckt in dem Menschen, der die Hilfsmittel bedient. Pendel und Wünschelrute sind nur die

Zeiger, die Verstärker, ihre Aufgabe ist das Deutlichmachen von Informationen, die der Fragesteller bereits besitzt. Und geworfene Münzen fürs Orakel deuten nur auf einen diffusen Spruch hin, den der Fragende spontan entschlüsselt. Er bringt dadurch Wissen an die Oberfläche, das bereits in ihm schlummerte. Wir alle tragen das Potenzial der Menschheit in uns. Wir können es nur nicht lesen, weil wir der Überzeugung sind, es ginge nicht. Oder wenn wir meinen, wir könnten es anzapfen, verwenden wir irgendwelche von anderen Leuten erfundene Methoden, die genau das Gegenteil bewirken. Ich sagte es an anderer Stelle schon einmal: Wenn Sie aus dem eigenen unbewussten Reservoir Informationen über eine draußen stattfindende Szene einholen wollen, dürfen Sie nicht nach innen lauschen. Es genügt, wenn Sie die Situation auf sich einwirken lassen. Auf der Horchstation nach drinnen passiert gar nichts. Wir kommen im Abschnitt «Denken» nochmal darauf zurück.

Der Lernprozess des Nicht-Handelns ist eigentlich extrem einfach: Sie erleben Dinge, machen Ihre Erfahrungen, gewinnen Erkenntnisse – und sind kein bisschen daran interessiert, etwas davon im Gedächtnis zu behalten. Probieren Sie es tageweise aus, nehmen Sie leicht, was immer geschieht, leben Sie es aus und haben Sie keine Furcht, es loszulassen und zu vergessen. Alles, was Sie unmittelbar wahrnehmen, wird im Hirn nicht aufgezeichnet. Ein Tag ohne Eintrag im Oberstübchen ist für Ihr Gehirn wie eine Kur in einem Heilbad. Je weniger Erfahrung Sie im Alltag in Anspruch nehmen, desto häufiger wird der Abbau von zu kompakt gewordenen Zellverbänden in Ihrem Kopf. In dem Maß, in dem Sie sich der spontanen Tat verschreiben samt ihren scheinbaren Unwägbarkeiten, werden sich Ihre Hirnzellen verjüngen. Mit dem mutigen Schritt zum Nicht-Handeln, zum Heraushalten des alten verbrauchten Apparates, gewinnen Sie Frische und Vitalität.

Noch ein kleiner Tipp zum Abbau von Routinen: Räumen Sie

öfter mal die Zutaten für Ihren Morgenkaffee oder Tee um. Stellen Sie die Maschine irgendwo anders auf, die Tüte mit dem Kaffee an eine Stelle, wo Sie sie nicht sofort und mit verbundenen Augen finden. Packen Sie die Brotschublade an einen anderen Ort – richten Sie ein ordentliches Durcheinander an, damit Sie für ein paar Tage aus dem Trott fallen. Wenn Sie einen Schritt weitergehen möchten, führen Sie das chaotische Prinzip auch in Ihrer Beziehung ein. Brechen Sie abrupt mit festen Gewohnheiten – wenn Sie viel außer Haus waren, bleiben Sie mal mehr daheim, wenn Sie ein Stubenhocker sind oder eine Stubenhockerin, dann wagen Sie sich mal mehr an die frische Luft oder zu Veranstaltungen, die Sie mögen. Oder wechseln Sie Ihre Freizeitinteressen. Beschäftigen Sie sich mit Astronomie statt Astrologie. Zweifeln Sie, wo Sie sonst alles glauben, gehen Sie zur Jam-Session statt in die Philharmonie oder lernen Sie Schach statt Mensch-ärgere-dich-nicht. Krempeln Sie den Laden mal nach allen Richtungen um. Es wird ein Gefühl der Orientierungslosigkeit einziehen, besonders, wenn Sie obendrein noch die Möbel umstellen und die Raumfunktionen vertauschen. Es tut ungemein gut, neuen Wind in die muffigen Hirnwindungen zu bringen – und es hat sehr viel mit Spontaneität und dem Tao zu tun.

Denk-Spiele: (Lesen Sie bitte diesen Absatz jetzt **nicht** – es gehört zur Aufgabe im **folgenden Absatz**, dass Sie ihn sich erst ansehen, wenn Sie jenen gelesen und verstanden haben).

Der größte Teil der Menschheit denkt Tag für Tag seine Gedanken – aber er macht sich darüber keine zusätzlichen Gedanken, das heißt, er setzt sich mit dem Denken in keiner Weise auseinander. Und das ist an sich gut so, denn ändern kann der Denker dieser Gedanken sowieso nichts daran, weil er selber ein Denkprodukt ist. Wohl leiden die Menschen unter dem anhaltenden

Denkzwang, ohne dass sie sich über die Ursachen dafür im Klaren wären. Aber weil Denken die am häufigsten und anhaltendsten geübte Gewohnheit ist, registriert niemand seine Ungereimtheiten. Ich will Ihnen nachfolgend Stoff zum Experimentieren mit Gedanken geben. Sie können damit Einsicht in die Stärken und Schwächen Ihrer Denkapparatur gewinnen. Nach Abschluss der Lektion tun Sie gut daran, die Sache zu vergessen. Was heißt, dass Sie sich wieder dem Rest der Menschheit zugesellen und sich nicht mehr mit Ihren Gedanken beschäftigen. Es wird Ihnen nach unserer Lektion vielleicht gelingen, Ihren Gedanken nicht mehr das alte Gewicht beizumessen, und dafür brauchen Sie das Verständnis, welches die folgenden Versuche bewirken sollen.

Beginnen wir: Lesen Sie den vorhergehenden Absatz zweimal durch. Bei der ersten Lesung lautet die Aufgabe, dass Sie keinen Versuch unternehmen, das Gelesene zu verstehen. Sie lesen nur den Text durch, ohne sich Gedanken über die Bedeutung seines Inhaltes zu machen. Die Aufgabe verlangt von Ihnen, etwas bewusst zu tun, das Sie real gar nicht anders hinbekommen. Wir bilden uns ein, wir könnten lesen und uns gleichzeitig Gedanken oder Bilder über das Gelesene machen. Das bringen wir gar nicht fertig. Wir lesen, dann (winzige, unmerkliche Pause) schaltet das Hirn auf Denken um, zieht Schlussfolgerungen – und dann kehrt es ebenso blitzschnell wieder zur Lektüre zurück und liest den nächsten Satz. Uns erscheint es, als ob wir beides gleichzeitig täten, Lesen und darüber nachdenken oder uns die Beschreibung bildhaft vorstellen. Weil der Wechsel zwischen Lesen und darüber Nachdenken so rasch vonstatten geht. Noch eine Falle versteckt sich in der Aufgabe: Während Sie unbeeinflusst von dieser Aufgabe in diesem Buch gelesen haben, ist Ihnen gar nicht die Idee gekommen, ob und wie viele Gedanken Sie sich darüber machen. Die Aufforderung, das Nachdenken sein zu lassen, ist so hinterhältig, als wenn ich im Seminar eine Gruppe von Teilnehmern auffordere, sie mögen bitte in den nächsten zehn Minuten nicht an den Eiffelturm denken. Niemand wäre ohne diesen Auftrag je auf die Idee gekommen, an ihn zu denken, aber der Verlust der Unbefangenheit bewirkt nun den Konflikt, etwas unterlassen zu müssen, was man sowieso nicht getan hätte. So wird es Ihnen mit Ihrer Bereitschaft ergehen, während des Lesens den Versuch zu unterlassen, das Gelesene zugleich zu verstehen. Beim Probieren müssen Sie erleben, wie sich immer wieder Gedanken dazwischenschleichen. Darauf haben Sie keinen Einfluss, es sei denn, Sie bemühen sich energisch, diese Gedanken zurückzudrängen – aber dann können Sie derweil nicht lesen. Beobachten Sie sich während des Experimentes. Stellen Sie fest, wie Lesen und Nachdenken sich abwechseln.

Lesen Sie den obigen Absatz ein zweites Mal. Diesmal ohne irgendeine besondere Anweisung, wie Sie sich verhalten sollen. Teil eins der Übung hat Ihnen bereits die Unbefangenheit geraubt. Lassen Sie jetzt los, geben Sie sich keine Mühe mehr, lesen Sie und lassen Sie den Text auf Ihren Geist einwirken. Sie brauchen dazu nicht unbedingt den von mir vorgeschlagenen Absatz, jede andere Lektüre tut es auch.

Unser Experiment hat noch einen Teil drei: Nehmen Sie sich nochmal den fraglichen (oder einen anderen) Text vor. Lesen Sie, machen Sie sich die üblichen Gedanken darüber – und **beobachten Sie sich beim Nachdenken**. Versuchen Sie es auf zwei Arten: einmal, indem Sie einfach auf Ihre Gedanken achten und einmal, indem Sie lesen und bewusst darauf lauern, was für Gedanken sich in der Folge einstellen. Der letzte Versuch ist von vornherein zum Scheitern verurteilt, aber unternehmen Sie ihn bitte trotzdem, denn er ist sehr aufschlussreich. Sofern Sie nicht schummeln, werden Sie bei Ihren Versuchen folgendes erleben: Sie können entweder lesen oder über das Gelesene nachdenken. Das Nachdenken zu beobachten erfordert einen Beobachter, Sie nämlich. Da Sie als

Denker Ihrer Gedanken aber selber ein Denkprodukt sind, muss das Denken diesen Beobachter von Gedanken jeweils erzeugen. Während es den Beobachter erzeugt, kann es aber keinen anderen Gedanken denken (verrückt, nicht wahr? Verrückt, aber leider wahr), ebenso bleiben Gedanken aus, solange das Denken den Beobachter produziert, der diese Gedanken aus der Zukunft erwartet. Während Sie auf Gedanken lauern, herrscht im Denken Funkstille, nur das beobachtende Zentrum wird vom Denken hergestellt – bis irgendeine Ablenkung oder leichte Ermüdung Sie Ihren Vorsatz vergessen lässt, dann fließen die Gedanken wieder und im Moment ist niemand da, der sie beobachten könnte.

Wahrscheinlich haben Sie den Eindruck, dass Sie durchaus Ihre Gedanken beim Nachdenken über den gelesenen Text beobachten können. Dieser Eindruck entsteht durch einen raffinierten Taschenspielertrick unseres Denkens: Während ein Gedanke im Hirn gedacht wird, kann ihn das Gedächtnis speichern. Dann stellt das Denken den Beobachter her und lässt ihn den unmittelbar davor entstandenen Gedanken aus der Retrospektive betrachten. Spielen Sie die Sache mal eine Weile durch. Wenn es Ihnen zu viel wird oder Sie nicht zu Rande kommen, hören Sie auf damit. Die Übung hat einzig den Zweck, dass Sie größeren Einblick in die Arbeitsweise Ihrer Gedanken bekommen. Ein Einblick, der Sie in Zukunft davor bewahrt, dass Sie sich mit Versuchen der Gedankenkontrolle abplagen oder sich Illusionen hingeben, Sie könnten etwas gegen das Treiben in Ihrem Kopf ausrichten. **Wenn die fatale Einsicht der Ohnmacht des Beobachters einschlägt wie der Blitz, kommt das Denken selbst zur Besinnung und unterlässt von sich aus dieses endlose, quälende, unnütze Rotieren. Das Denken kann sich durch Einsichten selber von der Illusion seiner Erfindung, dieses beobachtenden Zentrums nämlich, befreien, denn es ist ja nicht dumm.**

Wir wollen noch einen anderen Test machen, der die Frage klären soll, weshalb das Denken denn meint, dass es immerzu tätig sein muss. Der Grund liegt darin, dass der Mensch beinahe ohne Pause immer etwas will oder nicht will. Verwenden Sie, falls Sie das Spiel mitmachen, die im anderen Kapitel empfohlene Probewoche, wo Sie die Dinge laufen lassen. Da haben Sie Gelegenheit, den Auslösern Ihrer Gedanken leicht auf die Spur zu kommen. Achten Sie darauf, womit diese sich beschäftigen. Es wird bald klar werden, dass Ihre Gedanken damit beschäftigt sind, wie Sie Dinge erreichen, gewinnen, besitzen oder loswerden können. Das kann sich um materielle profane Gegenstände handeln, um Menschen, mit denen Sie in Beziehung stehen und die Sie gerne anders hätten, als sie sind oder sich verhalten, es kann sich um Ihre eigenen inneren Konflikte drehen oder um tausend andere Belange. Viele Denkroutinen befassen sich mit unserer Sicherheit, etliche mit der Karriere, der Gesundheit. Wie immer, es sind Gedanken, die sich mit Habenwollen, Loswerdenwollen, Inruhegelassenwerdenwollen, Mehrbeachtetwerdenwollen und so weiter beschäftigen. Und je mehr der Mensch hat, desto mehr will er.

Sicher gelingt es uns, unsere Wünsche eine Weile zu vergessen und auch unsere Abneigungen eine Zeit lang in den Griff zu bekommen. Der Energieaufwand der Selbstkontrolle ist allerdings ungemein hoch – ich kenne eine Reihe von Menschen, deren Energiepotenzial zur Hälfte damit vergeudet wird, dass sie einen Charakter in Betrieb halten müssen, der ihrem echten Wesen sehr fremd ist. Lassen Sie sich auf derartige Spielchen nicht mehr ein. Werfen Sie Ihre Bildersammlung über sich fort, jene, von der Sie meinen, dass sie Sie real wiedergibt, und auch die andere, die anzeigt, wie Sie gerne wären. Damit reduzieren Sie das Reservoir an Denkstoff gewaltig. Wenn Sie nach dem Prinzip der nicht betriebenen Wünsche handeln, also alle Wünsche aufleben lassen, sie aber nicht sortieren und nicht ihre Erfüllung betreiben (es sei denn, die Tür öffnet sich) – fällt wieder ein gewaltiger Brocken

Denkmaterial weg. Und sollte es Ihnen gelingen, eine Weile ohne Ihre Meinungen und Vorurteile auszukommen, hört alles Vergleichen auf und dem Denken fehlt nochmals ein ordentliches Stück aus dem Kuchen. Das Nicht-Handeln bildet die Krönung und zieht dem Denken vollends den Teppich weg. Sie machen sich keine Sorgen mehr über Gelingen oder Misslingen, Sie haben sich eingelebt in dieses Urvertrauen, in dem alle Zweifel über richtig oder falsch in den Hintergrund treten. Es ziehen Ruhe, Stille und Friede ein in Ihrem Geist, und Sie spüren dieses gewisse Gefühl, dass die Dinge richtig laufen.

Sie kommen bei diesen Experimenten der Wurzel des Denkens auf die Spur: dem Verlangen. Einem Verlangen nach Haben, Sichern, Loswerden, Gewinnen, Richtigmachen und was noch alles. Machen wir einen weiteren Test: Kontrollieren Sie, aus welcher Richtung die Anstöße zum Denken kommen. Was immer Sie haben oder abwerfen wollen, der Anstoß für Ihre Wünsche und Bedürfnisse kommt von draußen, von der Außenwelt. Realisieren Sie, dass Ihr Gehirn das Gehirn der Menschheit ist. Dieses Gehirn fasst Beschlüsse, die in Handlungen münden – und täglich erreichen uns in unserem privaten Refugium die Auswirkungen der Gedanken anderer Menschen. Versuchen Sie sich Ihr Hirn als Computer vorzustellen, der an ein weltweites Netzwerk angeschlossen ist; jeder beliebige andere Rechner kann Daten und Informationen an ihn senden. Dort (in Ihrem System) lösen etliche dieser Daten Reaktionen aus – die sich wiederum anderen Systemen mitteilen und ihrerseits weiter für Reaktionen sorgen. So ist unser Gehirn ein offenes System, das sich sein individuelles Eigenleben dadurch sichert, dass es durch Denkprozesse das Ich als Zentrum erschafft und sich damit gegen die von außen eindringenden Einflüsse abgrenzt.

Zum Schluss der Denk-Spiele noch etwas Nachdenkliches. In vielen Publikationen über Denken tönt es lautstark, welche Macht

Gedanken haben und was sie alles ausrichten können. Ich hätte gerne, dass Sie diesen phantasievollen Behauptungen nachgehen und sie auf ihren Wahrheitsgehalt untersuchen. Einmal fragte mich ein Mann, er habe Angst, dass ihn seine Frau betrüge und er würde sich oft darüber Gedanken machen und sich das Szenarium in schlimmsten Farben ausmalen. Rational wisse er wohl, dass seine Ängste unbegründet seien, aber er sorge sich, dass diese destruktiven Gedanken bei seiner Frau möglicherweise erst auslösen würden, wovor er sich fürchte. Ich sagte ihm, Gedanken an sich hätten keine Kraft, solange sie sich nicht in Handlungen verwandelten. Wenn er zum Beispiel durch sein Misstrauen bedingte Verhaltensänderungen gegenüber seiner Frau zeige, könnte dies durchaus zu Störungen in seiner Beziehung zu ihr führen und im Extremfall real auslösen, was er in seiner Phantasie durchspielt. Derart negative Denkinhalte beeinflussen unbedingt seinen Gefühlshaushalt. Sie nagen an seinem Gemüt und da Gefühle auf unseren Organismus einwirken, könnte es mit der Zeit zu gesundheitlichen Störungen führen, die ihrerseits wiederum sein Verhalten verändern – und diese Veränderung wirkt sich auf seine Beziehung aus.

Verstehen Sie? Denken ist Idee, nicht Realität. Sie können Tag für Tag darüber nachdenken, ob Ihr Haus abbrennt oder ob Sie Ihren Job verlieren oder Krebs bekommen. Diese Gedanken haben keinerlei unmittelbaren Einfluss darauf, ob es bei Ihnen brennt, ob Ihr Job in Gefahr ist oder eine schleichende Krankheit droht. Erst über den Umweg der Gefühle, die Gedanken fast immer auslösen, und deren Auswirkungen auf Ihren Organismus kann destruktives Denken Sie krank machen. Und wenn Sie um Ihre Stellung bangen, dann ist es Ihr vom Denken gestörtes Verhalten, das Sie Ihren Arbeitsplatz kosten kann, wenn Sie beim Aufarbeiten Ihrer Ängste zu konfus werden. Glauben Sie auch nicht an die Macht positiver Gedanken in dem Sinne, dass Sie sich nur eine verbesserte Lebenssituation intensiv genug auszumalen brauchen und dann kämen die Dinge in Ordnung. Derartige Gedanken erzeugen sicher optimistische Gefühle, Sie treten sicherer auf, riskieren ein wenig mehr als sonst – und dies kann durchaus zu positiven Veränderungen führen. Weil Sie Ihre Denkinhalte durch Verhaltensänderung in Handlung umgesetzt haben. Sofern Sie Lust haben, können Sie Ihre Experimente auf dieses Gebiet ausdehnen – aber Vorsicht! Sie können Ihre Gefühle kaum von Gedanken abschotten und wenn Sie sich in Trübsinn hineinsteigern, wird sich dies bald in organischen Beschwerden äußern. Hoffnungsvolle Träumereien schaffen Illusionen von Gewinn und Erfolg. Solange es beim Wachtraum bleibt, besteht keine Gefahr. Aber gehen Sie nicht so weit und lassen sich durch sträflich leichtfertiges Geschwätz zu finanziellen Spekulationen verleiten. Das kann Sie Ihr letztes Geld kosten – durch Schaden wird man zwar klug, aber nicht reich.

Meditationen: Um es gleich vorweg zu sagen, der klassische Taoismus kennt keine Meditation, wie sie von anderen östlichen Lehren zu uns gekommen ist. Was die verschiedenen Gurus verkünden, hat nichts mit der Lehre Laotses gemein. Erst durch die buddhistische Infiltration sind meditative Disziplinen in die alte chinesische Philosophie eingezogen und im Zen-Buddhismus haben sie sich miteinander vermischt. Dessenungeachtet halte ich die Meditation für sinn- und wertvoll, wenn sie im rechten Verhältnis ausgeübt wird.

Wer im ruhigen, meditativen Sitzen Erholung und Entspannung für sein gestresstes Gemüt sucht, wird mit solchen Übungen gewiss Erfolg haben. Erst wenn ich versuche, mit hartnäckigen, streng geregelten Meditationen – womöglich im Lotussitz – halbstunden- oder sogar stundenlang zu trainieren, damit ich erleuchtet werde, Satori erlange, wird die Geschichte ein wenig fragwürdig. Der Zen-Meister Bankei beschreibt selbst, wie er sich durch seine Hartnäckigkeit die Gesundheit ruiniert hat. (Allerdings gibt Bankei zu, dass er zu jeder Jahreszeit, selbst im feuchten, kalten Winter Japans, seine Meditationen eingehalten hat, bis ihn Rheuma und Nierenbeschwerden aufs Krankenlager warfen. Nach diesen Erfahrungen hat er dem Sitzen abgeschworen und erklärt, Zen könne man auch ohne strenge körperliche Disziplin praktizieren. Er bevorzugte die Koan-Technik, mit der wir uns ebenfalls ein wenig befassen wollen.)

Voriges Jahr besuchte uns ein Freund für ein paar Tage. Eines Abends saßen wir beisammen und plauderten. Plötzlich wechselte der Freund das Thema und erklärte, er habe sich in den vergangenen Monaten sehr intensiv mit der Zen-Meditation befasst. Und sich die Koans vorgenommen. Ganz stolz berichtete er, von sechsen habe er inzwischen für drei die Lösung gefunden. Er sah ein wenig gekränkt aus, als ich, anstatt ihn für seine Geistestat zu loben, zu grinsen begann.

«Weißt du», sagte ich, «wenn ein Koan gelöst wird, hat er seinen Zweck verfehlt.» Ich erklärte ihm dann die Zusammenhänge, aber er wollte lieber bei seinem Spiel bleiben. «Ist immer noch besser als Kreuzworträtsel», meinte er. Dabei steckt in der Koan-Technik, die ja viele Jahrhunderte alt ist, eine Weisheit und eine für jene Zeit verblüffende Einsicht in die Funktionsweise des menschlichen Gehirns. Der Koan ist ein Rätsel, meist aus wenigen Sätzen bestehend, das die Zen-Meister ihren Schülern aufgeben. Die Pointe bei der Geschichte ist, dass es dabei überhaupt nicht darum geht, ob der Eleve eine Lösung findet oder nicht. Es geht um etwas weitaus Subtileres: Der menschliche Verstand wird beim Versuch, ein quasi unlösbares Rätsel zu lösen, an seine Grenzen getrieben. Und einem Zen-Meister machen darum die regelmäßigen Gespräche mit Schülern, die mit Koan-Lösungen aufwarten, wenig Freude. Erst wenn einer ankommt und erklärt, er habe zwar keine Lösung anzubieten, aber ihm sei in seinem Bemühen aufgegangen, wie begrenzt und unzulänglich das Potenzial seines Verstandes in Wahrheit ist – wird der Meister aufstehen und sich vor ihm verneigen. Wenn Sie Lust haben, sich an einem Koan zu versuchen, hier ist einer:

Nichts Gutes, nichts Böses – dein Ur-Angesicht jetzt

Ich habe speziell diesen Spruch unter Hunderten ausgewählt, weil er direkten Bezug zum Inhalt dieses Buches hat. Sich mit ihm zu beschäftigen hat den Vorteil, dass Sie damit intuitiv der Grundaussage des Taoismus auf die Spur kommen. Nehmen Sie ihn sich vor dem Einschlafen vor, betrachten Sie ihn und lassen Sie die kryptischen Worte auf sich einwirken. Es kann sein, dass Sie eines Morgens unversehens seine Botschaft verstehen. Die Nachtruhe ist an sich eine gute Zeit, um Fragen zu lösen, denen der Verstand nicht beikommt. Ich habe mir angewöhnt, Probleme, die tagsüber auftreten, vor dem Einschlafen nochmal zu überdenken. Aber ich mache keinen Versuch, mit dem Verstand eine Lösung oder Antwort zu finden. Und ich mache keinen Unterschied zwischen Geringfügigkeiten oder wichtigeren Anlässen. Ich überlasse die Frage, ob ich am nächsten Morgen den Garten gießen muss, ebenso dem Unbewussten wie Entscheidungen von großer Tragweite. Ich bin selten ohne die richtige Antwort in den neuen Tag gegangen.

Meditation ist in meinen Augen weniger eine Tätigkeit als ein Geisteszustand. Sich vergegenwärtigen, dass es das Ich, das so aktiv ist, in Wirklichkeit gar nicht gibt, ist Meditation. Wenn ich diese Geisteshaltung einnehme – das ist nicht schwer, versuchen Sie es – sind mir äußere Dinge nicht mehr so wichtig. Ich sortiere mein Leben in diesem gelösten Zustand nicht mehr nach Zielen, die ich erreichen muss und anderen, die mir gleichgültig sind. Mein Interesse gilt dem Alltag als Ganzem und infolge der fehlenden Konzentration auf Details entgeht mir weniger vom Leben. Das mindert nicht die Freude an der Kaktusblüte, die über Nacht aufgegangen ist oder dem Brief, den die Post gebracht hat. Nur schließt meine Wahrnehmung auch alle anderen Erscheinungen ein, die mich im Zusammenhang mit meinen Tagesvorhaben weniger interessieren. So bemerke ich den Käfer, der über meinen Kopf fliegt, während ich das Auto für eine längere Fahrt belade. Das Ich, das sich immerzu konzentriert, tritt in den Hintergrund und niemand sendet von drinnen Gedanken aus, die andauernd etwas wollen.

Erkennen Sie bitte, Loslassen der Dinge, die wir besitzen, die wir haben wollen, die wir vermeiden wollen, bedeutet nicht, dass wir sie verlieren oder sie uns ewig anhängen. Einem Menschen, der sich fallen lässt und Haben wie Nichthaben dem Strom des Lebens anvertraut, ist das Gelingen seiner Vorhaben sicherer als jenem, der verkrampft zu bewahren sucht, was er sein Eigen nennt und der konzentriert seine Ziele verfolgt. Lesen Sie einen Ausspruch von Hermann Hesse, der in wenigen Sätzen so klar ausdrückt, woran unser Gemüt leidet:

«Man hatte vor tausend Dingen Angst, vor Schmerzen ... vor dem eigenen Herzen, man hatte Angst vor dem Schlaf, Angst vor dem Erwachen, vor dem Alleinsein ... vor dem Tode – namentlich vor ihm, dem Tode. Aber all das waren nur Masken und Verkleidungen. In Wirklichkeit gab es nur eines, vor dem man Angst hatte: das Sich-fallen-Lassen, den Schritt in das Ungewisse hinaus, den kleinen Schritt hinweg über all die Versicherungen, die es gab. Und wer sich einmal, ein einziges Mal hingegeben hatte, nur einmal das große Vertrauen geübt, und sich dem Schicksal anvertraut hatte, der war befreit. Er gehorchte nicht mehr den Erdgesetzen, er war in den Weltraum gefallen und schwang im Reigen der Gestirne mit.»

Es gibt eine gute Übung im Loslassen, die Sie bei jedem Besuch im Einkaufsviertel Ihrer nächsten Stadt ausprobieren können. Sie schlendern nach Ihrer Ankunft im Stadtkern durch die Hauptgeschäftsstraße. Vielleicht steckt ein Einkaufszettel in der Tasche, den Sie erledigen müssen. Sie sehen sich die Auslagen in den Schaufenstern an, vergleichen Preise und Warenangebot und nach einiger Zeit merken Sie, wie Ihre Konzentration rapide nachlässt. Sie blicken auf die nächste Auslage und merken, dass Sie zwar hinschauen, aber nicht mehr fähig sind, Details zu registrieren. Die Überfülle an Eindrücken beginnt Sie zu erschlagen und Sie haben Mühe, sich zu vergegenwärtigen, weshalb Sie in die Stadt gekommen sind. Dies ist der Punkt, wo unsere Übung ansetzt: Geben Sie jetzt auf. Lassen Sie jeden Wunsch fahren, unternehmen Sie keinen Versuch, aus der Überfülle des Angebots bestimmte Waren herauszupicken. Entspannen Sie sich und lassen Sie die *ganze* Szene auf sich einwirken. Vergessen Sie für eine Weile Ihre Einkaufsliste und überlassen Sie sich ohne Widerstand und frei von jedem Ziel den Sinneseindrücken. Stimmen Sie nicht zu, wenn Ihnen etwas gefällt, lehnen Sie nicht ab, was nicht in Ihr Einkaufskonzept passt, und vermeiden Sie es, in stumpfe Gleichgültigkeit abzutauchen. Bleiben Sie hellwach, aber tun Sie dies ohne kategorische Appelle an Ihr Konzept oder Ihre Zeit. Sie werden erleben, dass bald Ihr Blick wieder klar wird, Sie sind plötzlich imstande, ohne Ermüdung durch die Ladenzeilen zu bummeln, im Kaufhaus in den Sonderangeboten zu stöbern, ohne Hektik einen Kaffee zu trinken – und irgendwann merken Sie, dass Sie alles beisammenhaben, was Sie sich zu kaufen vornahmen. Verzichten Sie beim Stadtbummel auf alles Wollen, lassen Sie sich treiben und picken Sie spontan heraus, was Ihnen gefällt. Und grämen Sie sich nicht, wenn ein paar Positionen auf Ihrer Liste auf der Heimfahrt nicht abgehakt sind – das erledigen Sie eben das nächste Mal.

Ein Einkaufsbummel ist eine sehr gute Übung für das Leben

allgemein. Die Gelöstheit ohne Begehren, die Ihnen im Getriebe der City den Überdruss erspart, lässt sich überall im Alltag, im Beruf wie im Privatleben realisieren. Sie werden erleben, dass Loslassen Gewinn bringt und keine Verluste erzeugt. Niemand würde diese Geisteshaltung unmittelbar als Meditation erkennen, aber sie ist es. Sein Leben gelöst verbringen trotz Schwierigkeiten und ungeklärten Situationen (etwas ist doch meist in der Schwebe bei uns) in einer Geistesverfassung, wie Sie sie beim Sitzen mit gekreuzten Beinen spüren, wenn Sie ganz ruhig sind und nichts anderes vorhaben, als still zu sein, **ist Meditation**.

Hoffnungslose Fälle: Dies ist mein letzter Experimentiervorschlag in dieser Reihe (sonst wird es zu viel – aber Sie dürfen gerne selbst weitere Tests erfinden und sie durchführen, das trainiert die Kreativität). Jeder Mensch hat seine «Leichen im Keller» oder Unerledigtes in der Schublade. Es mögen Pläne sein, die Sie aufgegeben haben, weil die Verhältnisse gegen Sie waren oder Ihnen die zündende Idee fehlte, wie man die Sache durchzieht. Egal, ob das Objekt Ihrer Wünsche sich Ihnen vor Jahren oder Monaten versagt hat, ob es sich um eine Beziehung, einen Sammelgegenstand oder den Wechsel von Wohnsitz oder beruflicher Position gedreht hat – ich möchte Ihnen vorschlagen, dass Sie den am tiefsten begrabenen Fall wieder aufnehmen. Diesmal aber sollten Sie ohne das Instrumentarium, das einst versagte, darangehen. Lassen Sie aus der Erinnerung den ganzen Vorgang in Ihrem Geist Revue passieren und versuchen Sie, ihn emotionslos, nüchtern und objektiv zu betrachten. Das ist schwierig, ich weiß, aber unternehmen Sie es trotzdem. Sie haben Ihr einstiges Unterfangen wegen Hoffnungslosigkeit begraben – nun lassen Sie es unter anderen Vorzeichen wieder auferstehen. Sie haben nichts zu verlieren, also gestatten Sie der alten Geschichte, sich in Ihrem Bewusstsein motivlos zu spiegeln, im Originalzustand, wie die Lage damals war. Unternehmen Sie vorerst nichts, die Geschichte wieder ins Rollen zu bringen, was immer es ist. Nehmen Sie das Problem nur emotionslos wahr, machen Sie sich die einstige Niederlage bewusst, aber beginnen Sie nicht wieder nach Lösungen zu suchen. Schließlich hat Ihr Verstand beim ersten Anlauf das Ziel nicht erreicht, ergo ist unwahrscheinlich, dass er es heute schafft. Lassen Sie ihn außen vor und machen Sie sich im Zweifelsfall klar, dass er Ihnen in dieser speziellen Situation keine Hilfe ist. Verfallen Sie nicht in den Fehler, die wieder auferstandene Vision nach allen Richtungen neu zu überdenken. Falls Ihr Denken mit Ihnen durchgeht, lassen Sie es gewähren, aber nehmen Sie auf keinen Fall ernst, was es Ihnen suggerieren will. Warten Sie ab und achten Sie in den folgenden Tagen auf Veränderungen aus der Richtung Ihres neu gestarteten Unternehmens. Natürlich muss uns nicht alles im Leben gelingen, aber wenn je eine Chance besteht, dass sich eine alte Sehnsucht, ein Wunsch, eine Vision doch noch erfüllt, wird es auf der Schiene des Nicht-Handelns geschehen.

10. KAPITEL

Der Sinn

In der Phase, wo eine Arbeit wie diese sich ihrem Ende zuneigt und ich das letzte Kapitel niederzuschreiben beginne, frage ich mich, in welchem Maß die Leserinnen und Leser verstanden haben, was ich mit den unzulänglichen Mitteln unserer Sprache sagen wollte. Und die Versuchung ist groß, das gesamte Manuskript nochmal nach Passagen durchzusehen, die nicht eindeutig genug formuliert zu sein scheinen. Doch ich unterlasse es, weil du niemals einem anderen Menschen etwas so vermitteln kannst, wie du es selbst empfindest. Vor Jahren saßen wir einmal mit der Familie eines befreundeten Pfarrers zusammen am Kaminfeuer und diskutierten über Rainer Maria Rilke. Und wir stellten uns die Frage, ob jeder seine Gedichte so empfindet, wie der Dichter es bei der Niederschrift ausdrücken wollte. Und wir wurden uns einig, dass das nicht möglich ist. Jeder von uns liest aus der Lyrik Rilkes heraus, was er subjektiv realisiert. Auch bei vielen Gesprächen mit Lesern meiner Bücher wurde deutlich, wie unterschiedlich mancher von mir als klar und unmissverständlich empfundene Satz interpretiert wurde. Am Telefon bin ich öfter gefragt worden, wie ich einen bestimmten Satz denn gemeint habe, und ich konnte mich beim besten Willen nicht erinnern, eine Aussage des fraglichen Inhalts gemacht zu haben. Als ich bat, mir die Stelle doch rasch vorzulesen, stellte sich heraus, dass der Text um einiges anders lautete, als der Fragesteller ihn zitiert hatte. Es wird also darauf hinauslaufen, dass jeder Mensch, dem diese Zeilen in die Hände gelangen, sie analog seinem Erfahrungshorizont und -hintergrund versteht. Und das ist gut so, weil auf diese Weise jede Leserin und jeder Leser aus dem Inhalt das für ihn brauchbare Material seinen Bedürfnissen entsprechend herausfiltern kann.

Wir wollen uns nochmals der Sinnfrage zuwenden. Der Mensch (Sie und ich also) wird geboren, wächst heran, lernt fürs Leben, arbeitet, vergnügt sich, leidet und am Ende stirbt er. Punkt. Ist das der kurzgefasste Sinn unserer Existenz? In dürren Stichworten skizziert, scheint es sich nicht zu lohnen, die Ochsentour mitzumachen. Trotz dieser Pauschalierung ist das Leben des Individuums ungeheuer reich an Erlebnissen, Sinneseindrücken und Erfahrungen des Geistes. Die Feststellung, dass wir stattfinden, sei Sinn genug, hätte im Abenteuer des Lebens bereits seine Begründung gefunden, wenn unser Dasein nicht auf weiten Strecken – und dies weltweit – mit so viel Kummer verbunden wäre. In unserer sozial abgesicherten westlichen Kultur sind wir verglichen mit anderen Kontinenten noch gut dran. Dennoch ist auch bei uns die Summe der individuellen Unzulänglichkeiten groß genug, dass einem die Freude am Dasein zeitweise vergeht. So suchen die Mitglieder unserer Gesellschaft Trost und Ausgleich in Visionen von einem besseren Leben in einer anderen, besseren Welt. Wir scheinen außerstande zu sein, uns diese bessere Welt während unserer Erdentage hier vor Ort herzustellen. Gewiss, viele Menschen widmen ihr Leben der Aufgabe, unsere Welt zu verbessern, aber sie scheitern am Egoismus der Machthaber und an der Unfähigkeit ihrer Mitmenschen, sich energisch gegen Konditionierung, Gängelung und Manipulation intelligent und ohne Bedarf eines Leithammels zusammenzuschließen. Jeder wartet nur darauf, dass ein anderer aufsteht und für Veränderung sorgt. Mitzulaufen wäre man schon bereit, aber wer will den Anfang machen? Ein echter Wandel kann und wird nur dann eintreten, wenn der einzelne Mensch, das Individuum sich seiner Verantwortung für das Ganze bewusst wird. Jeder lebt in der engen Rinne seiner egozentrischen Aktionen, weil er nicht erkennt, dass er viel mehr das Ganze ist als ein Individuum. Ein Fluss lässt sich nicht als die Ansammlung von Myriaden Tropfen definieren – er ist ganz und strömt in seinem Bett dem Meer entgegen, in dem er aufgeht. Das Leben ist der Strom und der Mensch trennt sich davon ab, weil er gelernt hat, er wäre ein Tropfen. Du kannst dem Rhein einen Eimer Wasser entnehmen, aber erwarte nicht, dass es im Eimer noch fließt. Gieße das Wasser zurück, und es fließt davon.

Es ist die Trennung der Identität des Individuums vom Leben, die für den meisten Kummer auf dieser Welt verantwortlich ist. Hauptübeltäter ist das Denken – und ich meine damit nicht Ihres oder meines, es ist das Denken der Menschheit, das diese ideelle Trennung bewirkt und in jedem Organismus das Ich schafft, dem so viel Leid zugefügt wird. Wir können nicht erwarten, dass die Welt sich so bald ändert. **Ihr Beitrag zur Veränderung der Welt besteht darin, dass Sie sich ändern.** Nicht durch Willen, wie man es uns gelehrt hat, nicht mit Methoden, Heilslehren oder durch Zwang. Die Veränderung kann allein dadurch Wirklichkeit werden, dass das Individuum die Illusion seiner Getrenntheit vom Ganzen erkennt und sich seiner daraus erwachsenden Verantwortung stellt. Nicht in der Weise, dass Sie jetzt nach Afrika losziehen, um die Heiden zu bekehren, oder Mitglied bei einer militanten Umweltschutzorganisation werden oder einer Sekte beitreten. Werden Sie sich bewusst, dass wenn Sie in die Welt blicken, Sie das sind, was Sie betrachten. Sicher können Sie als einzelner Mensch keine Wunder bewirken. Das Wunder kann sich nur in Ihrem eigenen Inneren ereignen.

Laotse hat im «Tao te king» die Frage nach dem Sinn eindeutig beantwortet: Der Sinn des Stattfindens von Leben ist das Tao selbst. Richard Wilhelm hat in seiner Übersetzung für den Begriff *Tao* überall, wo er im Text vorkommt, das Wort *SINN* eingesetzt. Lesen Sie, wie Laotse im 23. Vers den Sinn so wunderschön beschreibt:

«Es gibt ein Ding, das ist unterschiedslos vollendet.
Bevor der Himmel und die Erde waren, ist es schon da,
so still, so einsam.
Allein steht es und ändert sich nicht.
Im Kreis läuft es und gefährdet sich nicht.
Man kann es nennen die Mutter der Welt.
Ich weiß nicht seinen Namen.
Ich bezeichne es als SINN.
Mühsam einen Namen ihm gebend,
nenne ich es: groß.
Groß, das heißt immer bewegt.
Immer bewegt, das heißt ferne.
Ferne, das heißt zurückkehrend.
So ist der SINN groß, der Himmel groß, die Erde groß,
und auch der Mensch ist groß.
Vier Große gibt es im Raume,
und der Mensch ist auch darunter.
Der Mensch richtet sich nach der Erde.
Die Erde richtet sich nach dem Himmel.
Der Himmel richtet sich nach dem SINN.
Der SINN richtet sich nach sich selber.

Der große SINN ist weltweit der Handelnde. Er existiert in jeder Erscheinung und bewegt sie. Der Sinn Ihres Lebens und Sie sind ein und dieselbe Manifestation des Tao. Das Tao ist selbst zum Sinn geworden und die Vorgänge des Lebens werden ohne Ausnahme von ihm erzeugt. Diese Worte klingen erhaben, doch Sie können Sie so interpretieren, wie ich es oben schon angedeutet habe, nämlich, dass der Sinn der menschlichen Existenz eben darin besteht, dass sie stattfindet. Aber bei dieser trockenen Feststellung fehlt ein wesentlicher Punkt: Unser Dasein ist erst dann wirklich lebenswert, wenn es mit dem SINN harmoniert! Und die von der Menschheit beherrschte Welt befindet sich in einem Chaos widerstreitender Interessen, so dass von Harmonie keine Rede sein kann. Infolgedessen fehlt dem Stattfinden der Existenz des Individuums tatsächlich der Sinn und alles Suchen ist vergeblich. Wir müssen begreifen, dass wir keine vom Rest des Universums wirklich getrennten Wesen sind. Gewiss sind wir frei, unser Leben zu leben und zu gestalten, aber die Frage ist, ob wir dies in Harmonie mit dem SINN tun oder ob diese Harmonie fehlt. Meine Aufforderung, sich vom Tao oder vom SINN leben zu lassen, ist die Aufforderung, die Zügel unserer Willkür freiwillig aus der Hand zu legen und uns dem frei strömenden Tao zu überlassen. Dieses Bild vom frei strömenden Tao ist kein bloßes Schlagwort, wie *Freiheit, Brüderlichkeit* oder *Mutterschaft*. Es ist kein Ideal und keine Idee – es ist realisierbar, wenn wir endlich zur Vernunft kommen und begreifen, wie abgenutzt und begrenzt die Instrumente unseres Handelns sind. Wir verfügen dank unserer Ausbildung, unseres Wissens über ein beträchtliches Maß an intellektueller Intelligenz, aber diese ist der universalen Intelligenz des Sinnes hoffnungslos unterlegen. Diese Intelligenz agiert nicht in der Zeit, es gibt sie nur **jetzt**, aber dieses Jetzt hat keinen Anfang und kein Ende – es ist zeitlos, ewig. Und wer sich dem Leben im Geiste des Nicht-Handelns überlässt, gewinnt damit jenen Zustand von Endlosigkeit, den Meditierende, Mystiker und Heilssuchende sich so ersehnen.

Das Sich-leben-Lassen wird attraktiv, weil es mühe- und kampflos geschieht, ohne dass spektakuläre äußere Veränderungen an Ihnen sichtbar werden. Im Tao zu leben hat keine Isolierung zur Folge, Sie werden nicht zum Ausgestoßenen der Gesellschaft, weil Sie plötzlich anders sind als die anderen. Ich bekomme oft

Anfragen von Menschen, die darüber klagen, dass sie zunehmend den Kontakt mit ihrer alten Umgebung, ihren Freunden und zum Teil sogar der Familie verlieren, weil sie sich stärker als die anderen mit geistigen Dingen befassen und nicht mehr so leben wollen, wie sie früher gelebt haben. Da gibt es dieses Zen-Märchen vom Ochs und seinem Hirten. Der Hirte bemerkt eines Tages, dass ihm sein Ochse fehlt, obgleich dieser nie vermisst wurde. Er macht sich auf die Suche, fern der Heimat und in mehreren Etappen findet er ihn, bändigt ihn, bis er auf ihm reiten kann. Eine Station weiter sind Hirt und Ochse zur Einheit verschmolzen. Dann fehlt sogar der Hirte im Bild. Er hat sich selbst gefunden, seine Identität (in der Geschichte mit dem Buddha) ist verstanden. Und am Ende geht er wieder auf den Markt wie einst und unterscheidet sich kein bisschen von den anderen Menschen, die nie einen Ochsen gesucht und gefunden haben. Ein schönes Gleichnis. Den Weg des Nicht-Handelns kann man gehen, ohne darüber zu reden. Keine höhere Macht verlangt in der taoistischen Philosophie, dass die Botschaft allen Völkern verkündet werden soll. Es fehlt aller missionarischer Eifer – und dessen sollten Sie sich ebenfalls enthalten. Anders ist es, wenn Sie von Menschen angesprochen werden, die ernsthaft auf der Suche nach Alternativen sind. Auch dann bewirken Sie mehr, wenn sie *vorleben* statt *vorsprechen.* Im Wesen eines Menschen, der das Tao verstanden hat, bemerken seine Zeitgenossen nichts Absonderliches, weil es nichts Absonderliches gibt. Er diskutiert nicht darüber, er findet nichts zum Glauben, nichts zum Anzweifeln – er lebt es. Basta.

Wo bleibt die Freiheit, wenn ich einwillige, mich statt von den Umständen vom SINN, vom Leben unmittelbar leben zu lassen? Werde ich nicht zum Zombie ohne Entscheidungsfreiheit und Willen, wenn ich die Dinge kurzerhand sich selbst überlasse? Und ist das nicht gefährlich, weil ich mein Leben aus dem Griff verliere? Spüre ich denn überhaupt noch Sinn in einer Existenz, die von einer Macht bestimmt wird, die älter ist als ich? Unter diesen Gesichtspunkten ist nirgendwo so etwas wie Freiheit zu entdecken. An der Oberfläche scheint es wirklich so zu sein. Es spielt in die Zweifel auch ein wenig das christliche Ideal der Selbstaufgabe hinein, die Gott allein die Lenkung der persönlichen Geschicke überlässt. In einem seiner Briefe schreibt Paulus: *Nicht ich lebe, Christus lebt in mir.* Ich betone ausdrücklich, dass das Sich-leben-Lassen durch den SINN mit christlicher Hingabe nichts zu tun hat (auch wenn das möglicherweise manchen Lesern bedauerlich oder unglaubwürdig erscheint). Im Christentum wäre ein sich von Gott oder Christus Lebenlassen die Übergabe der individuellen Geschicke an eine **außenstehende** Macht. Wo ich im Wahn lebe, dass eine höhere Macht meine Geschicke bestimmt und ich mich ihr gläubig anvertraue, bin ich abhängig. In einer solchen Beziehung gibt es keine Freiheit.

Das Prinzip des Nicht-Handelns, des Geschehenlassens dagegen überlässt das Handeln einer Autorität, **mit der ich identisch bin!** Wenn ich in der Erkenntnis handle, dass mein Tun mit der gewaltigen Bewegung des ganzen Lebens der Menschheit harmoniert, weil ich in Wahrheit über meine Identität mit dem SINN dies alles **bin**, dann bekommt der Begriff *Freiheit* ein anderes Gewicht.

Unter Freiheit verstehe ich weniger die Freiheit von etwas – von Schulzwang, von Verantwortung, von Beziehung, von Fremdbestimmung – ich meine Freiheit an sich, die nicht das Gegenteil von Unfreiheit ist. Freiheit ist da, wenn die Abhängigkeit von Wissen, Erfahrung, Ideen, Vorurteilen, Wertmaßstäben und Weltanschauungen fehlt. Diese Abhängigkeiten können Sie erkennen und sie lassen sich ablegen, weil sie ausschließlich vom Denken herrühren. Die Einsicht in Ihre solcherart beschaffenen Bindungen bewirkt, dass Ihr Denken sich nicht mehr mit ihnen befasst, wenn Sie sie nicht immerzu wieder hervorkramen und bei jedem Anlass in die alten Fallen stolpern. Wie Sie davon frei werden, habe ich ausführlich erklärt. Damit wäre innere Freiheit hergestellt. Was Ihre Identität mit dem Weltgrund betrifft, haben Sie lediglich den Wahn aufgegeben, Sie seien **nicht** mit ihm identisch. Mit dieser Gewissheit im Sinn können Sie trotzdem noch Wein trinken, Rauchen oder Sex haben – mit dem feinen Unterschied sogar, dass nirgendwo eine Autorität mit erhobenem Zeigefinger «Sünde» schreit, wenn Sie Dinge tun, die Ihnen Spaß machen. Freiheit ist, wenn Sie niemandem auf geistigem Gebiet mehr gehorchen, glauben oder nachfolgen. Wer in diese Freiheit des Geistes hineinfindet, braucht eine ganze Weile, bis er bei manchen Dingen kein schlechtes Gewissen mehr hat oder nach destruktiven Gedanken Angst hat, sie könnten wahr werden. So tief verwurzelt sind unsere alten Prägungen.

Die geistige Freiheit ist Voraussetzung für die äußere Freiheit. Im Kapitel 9: *Experimente* habe ich Ihnen vorgeschlagen, das Prinzip des Nicht-Handelns doch mal an einem Ihrer begrabenen «hoffnungslosen Fälle» auszuprobieren. Sollten sich darunter Pläne von beruflicher Selbständigkeit, Weltreisen, Abenteuertum und der Traum von materiellem Wohlstand befinden, ist vielleicht jetzt der richtige Zeitpunkt, es nochmal zu versuchen. Mit anderen Vorzeichen diesmal, ohne nach den Gesetzen von Ursache und Wirkung zu schielen (und damit bereits die halbe Hoffnung vor dem Start zu begraben). Dennoch sei betont, dass Freiheit im physischen Bereich gar nicht mehr so viel Bedeutung hat, wenn Sie innerlich zur Freiheit gefunden haben. Weil Sie dadurch Ihren materiellen Status erträglicher empfinden werden und es Sie vielleicht gar nicht mehr so sehr stört, dass Sie in Miete wohnen statt in einer Eigentumswohnung oder in einem Reihenhaus statt in einer Vorstadtvilla. Oder dass Sie eine feste Anstellung mit geregelten

Arbeitszeiten haben anstelle einer freiberuflichen Existenz (in der Sie, das garantiere ich Ihnen als Betroffener, viel mehr Stunden aufwenden müssen als in einem festen Job). Die Frage ist, womit Sie zufrieden sind. Ich habe schon oft erlebt, dass Menschen, wenn sie innerlich ans Ziel gelangt sind, die äußeren Umstände und ihre diesbezüglichen Wünsche weniger wichtig nehmen. Entscheidend ist, glaube ich, dass wir so «artgerecht» leben können, wie es unseren Neigungen entspricht. Das ist vielerorts nicht der Fall. Tierschützer machen sich zwar zu Recht Gedanken, wie Schweine, Kälber oder Hühner artgerecht gehalten werden – aber man sollte auch mal darüber nachdenken, wie es um *unsere* «artgerechte Haltung» bestellt ist.

Die Hinwendung zur Lebenskunst des Tao ist wie das Erwachen aus einem Dämmerschlaf. Wo wir bisher mit abgesenktem Bewusstsein halbwach durchs Leben gewandert sind, ist unser Blick auf die Dinge klarer geworden und vorurteilsfrei. Wir lassen das Leben selbst zu Wort kommen und gestatten seinen Ereignissen, uns mitzuteilen, was sie bedeuten. Der Mensch des Tao ist nicht der Tor, der zusieht, wie die anderen ihre Späße mit ihm treiben und ihn ausnützen. Er lässt seinen wiederentdeckten Gefühlen freien Lauf, und wenn er Grund zum Zorn hat, dann lebt er ihn aus. Es ist ein gewaltiger Irrtum, dass Sie sich auf dem Weg des SINNES alles gefallen lassen müssen. Beherrschter Unwille, unterdrückte Emotionen sind nicht Sache des Sich-leben-Lassens. Wenn im Strom des Alltagsgeschehens Ereignisse auftreten, die Sie herausfordern, dann stellen Sie sich ihnen. Sie gehen mit den Dingen, aber Sie lassen sich nicht von ihnen überrollen. Ich habe oft Dispute mit einem guten Bekannten, der sich sehr mit Taoismus beschäftigt und ihm nahesteht, aber er mag nicht begreifen, dass in der Weisheit dieser Lehre nichts von Heuchelei, Verstellung oder dem Vortäuschen von Sanftmut zu finden ist. Der Mensch des Tao ist **echt**, und so benimmt er sich. Das bedeutet nicht, dass die taoistische Philosophie Anarchie lehrt, im Gegenteil findet der Mensch des Tao seine Siege im Mitgehen, wie beim Judo. Wenn die Umstände außerhalb seines Einflussbereiches widrig und störend sind und er erkennt, dass er nichts daran zu ändern vermag, schaut er sich die Schweinerei ruhig an, fühlt die Gefühle, die die Sachlage bei ihm auslöst – und wartet ab. Versuchen Sie es, liebe Leserin, lieber Leser. Es ist verblüffend, wie gründlich das Leben hier für Änderung sorgt, wenn Sie Ihre Ohnmacht eingestehen und es den Wirkkräften Ihrer Intelligenz überlassen, für Ordnung zu sorgen. Dessen ungeachtet ist der Mensch, der das Tao verstehen gelernt hat, nicht selbstgefällig, er hat Angeben nicht nötig und er besitzt Selbstvertrauen von einer besonderen Art: Es ist das Vertrauen in ein Selbst, das das Universum umfasst. Anstelle von Selbstbewusstsein, das um das kleine, eingeklemmte Ich kreist, ist er sich des Fehlens eines realen individuellen Selbst bewusst, und er macht auch keinen Versuch mehr, sich selbst zu lieben, weil er verstanden hat, dass da kein Selbst ist, das er lieben müsste.

Schlussendlich bleibt die Frage des Todes übrig. Bei allem Glück, das der Mensch des Tao erleben darf, wartet in der Ferne das Ende. Ich möchte Ihnen an einem technischen Beispiel verdeutlichen, wie in meinen Augen das Wechselspiel zwischen Sein und Nichtsein möglicherweise stattfindet. Ich habe für diesen guten Zweck eine philosophische Träumerei von Alan Watts übernommen und sie ein wenig umfrisiert: Sie kennen wahrscheinlich den Begriff *Cyberspace*. Da wirst du in einen Anzug gesteckt und etliche deiner Nervenausgänge auf dem Bindegewebe deiner Haut verkabelt. Dann läuft ein digitaler Film ab, den du, so vorbereitet, als Teilnehmer dreidimensional erlebst. Die im Film Mitwirkenden lassen sich berühren und du spürst beim Anfassen den Kontakt mit den anderen. Verglichen mit dem normalen Fernsehen ist das Erlebnis phantastisch, du wähnst, die Geschichte spiele im wirklichen Leben. Nun stell dir vor, die Technik wäre noch einen Schritt weiter und du könntest auch die Gefühle von einem der Hauptdarsteller in diesem Cyberfilm spüren, so dass du dir einbilden kannst, du wärst er. Erheiternd ist, dass diese hochentwickelte Technik im Prinzip genau das zu kopieren versucht, was bereits geschieht. Der Mensch **ist** nämlich schon die Reproduktion von etwas, das lange vor ihm da war. Wenn dann im Cyberspace der Film zu Ende ist, montierst du die Kabel ab und steigst aus dem Anzug. Fertig. Das Abenteuer ist zu Ende, es gibt keine Cyberwelt mehr und die Identität des Darstellers, in dessen Gefühlswelt du eingestiegen bist, wird zurückgepackt ins Archiv. Und ein andermal gibt es einen neuen Film mit neuen Darstellern und du darfst wieder reinsteigen in den Anzug und mitleben, mitfühlen. Nun, ist das keine treffende Analogie? Gut, es fehlt ihr die Erhabenheit des wirklichen Menschen – aber das Beispiel macht doch einiges verständlicher, nicht wahr?

LITERATURVERZEICHNIS

Chang, Chung-Yuan: Tao, Zen und schöpferische Kraft, München 1994, Diederichs

Dschuang, Dsi: Das wahre Buch vom südlichen Blütenland, München 1994, Diederichs

Fischer, Theo: Wu wei – die Lebenskunst des Tao, Reinbek 1992, rororo transformation

Fischer, Theo: Das Buch der Selbstfindung, München–Kreuzlingen 1993, Ariston

Fischer, Theo: Reife – der Schlüssel zum Glück, Reinbek 1996, rororo transformation

Freud, Sigmund: Das Unbehagen in der Kultur, Frankfurt 1953, Fischer Tb.

Freud, Sigmund: Massenpsychologie und Ich-Analyse. Die Zukunft einer Illusion, Frankfurt 1993, Fischer Tb.

Krishnamurti, Jiddu: Gespräche über das Sein, München 1990, Goldmann Tb.

Laotse: Tao te king, verschiedene Ausgaben

Shibayama, Zenkei: Zu den Quellen des Zen, Bern / München 1976, O. W. Barth

Watts, Alan: Der Lauf des Wassers, Frankfurt 1983, Suhrkamp

Wu-men Hui-k'ai: Wu-men kuan: Zutritt nur durch die Wand, Heidelberg 1977, Lambert Schneider

Der Autor hält in seinem Landhaus in Piemont (Norditalien) Wochenendseminare ab. Kontaktanschrift für Informationen:

Theo Fischer
Cascina la Costa
I-12060 Murazzano (CN)

Tel. / Fax: 0039-0173-79 11 00
theofischer@libero.it

Die neue Methode für mehr Zufriedenheit und Erfolg

Der Begriff der Emotionalen Intelligenz ist uns vertraut – doch was ist Spirituelle Intelligenz? Cindy Wigglesworth versteht darunter die Fähigkeit, sich weise und mitfühlend zu verhalten, indem man inneren und äußeren Frieden wahrt, ganz gleich in welcher Situation. Dafür braucht es nur 21 grundlegende Eigenschaften, die man ebenso wie Muskeln trainieren kann. Ein einzigartiger neuer Ansatz, der auf sympathische Weise die wissenschaftliche Forschung zur Intelligenz mit der Lebenspraxis des modernen Menschen verbindet.

rororo 61372

Sb 074/1 · Rowohlt online: www.rowohlt.de · www.facebook.com/rowohlt